ヨハネの黙示録を読む

今道瑤子
Imamichi Yoko

女子パウロ会

ヨハネの黙示録を読む／目次

装幀――下川雅敏
装画――渡辺総一
「七つの教会への手紙」

序文

和田幹男

『ヨハネの黙示録』は、新約聖書のなかでも最後の書物。ということは、旧新約両聖書全体を締めくくる書物でもある。このような書物として『ヨハネの黙示録』はどれほどふさわしいものであろうか、その内容は、メッセージは、いかなるものであろうか。この書物は時代的にも新約聖書のなかで最も遅く作成された書物のひとつ。ということは、全聖書のなかで最も遅く作成された書物のひとつでもある。それは、ここに歴史をとおして行われた神の啓示と、これを受容したユダヤ・キリスト教宗教伝承の最も円熟した信仰的ヴィジョンがあるのではないかと予想させる。それがあまりにも崇高、深遠、雄大であるがゆえに、通常の言語では言い尽くせないためか、本書はいろいろなシンボルやイメージを用いる。それをそのまま読めば誤解してしまうかもしれない。しかし、その著者が正確にいかなる意味を込めてそれぞれのシンボルやイメージを用いたのか、こうして何を言おうとしたのかが明らかになれば、その内容に驚かされよう。それは以前に書かれたパウロの手紙や福音書を、あるいは上回る内容が秘められているかもしれない。イエスの死と復活の後、イエスと同じように迫害され、苦しめられ、この試練を数十年重ねたキリスト教徒の清められた、澄んだ心の目に見えたキリスト論、教会論、神の救いのみわざが本書の内容になっているのではないだろうか。

このたびの今道瑤子氏の『ヨハネの黙示録を読む』は、この内容豊かな黙示録を読むために、またとない解説書として大いに推薦したい。氏はまず『ヨハネの黙示録』の文学的ジャンル、著者、著作年代などを分かりやすく、しかし重要なことはもれなく説明する。ここで特に黙示録のおもなシンボルとイメージについてあらかじめまとめて解説する。内容は豊かだが、複雑なこの黙示録を読者に紹介するのは容易でないが、この手際はきわめて優れている。本文の解説では、最新の優れた研究書を参考にしながら、みずからそのギリシア語本文の一語一語を文法的に正確に確かめ、また全体と各段落の文学的構造にも注意を払いながら、丁寧にそれを翻訳し、重要な用語はその意味をあいまいさなく説明する。しばしば旧約聖書にさかのぼってその意味を説明しなければならないが、その労もいとわず、懇切丁寧に説明する。著者の博識はただものではないが、それを見せびらかすことなく、ただ本文の意味を読者に分かってもらおうとの心遣いが見える。その日本語もやさしく分かりやすいが、それだけに内容の重厚さが伝わり、速読はできない。これは、氏がそのギリシア語本文を注意深く研究してはその内容を黙想し、黙想しながらまた研究して長い年月をかけた実りであろう。その解説を読みながら、読者は『ヨハネの黙示録』の序章から終章まであたかも次々と襖《ふすま》が開いて奥の間に導き入れられる思いがすることだろう。その最奥の間では暗闇は過ぎさり、新しくなった世界においてまもなく来る主イエスと、その到来を切に願う集会の交唱のなかに招き入れられる。この『ヨハネの黙示録』のクレッシェンドとフィナーレがみごとに説明される。

『ヨハネの黙示録』は、そこからハルマゲドンとかいう用語が取られて知られているように、世間一般では恐怖の終末到来を告げる謎めいた書として受けとめられている。しかし、正しく解釈すれば、なんと慰めに満ち、希望を抱かせる書物であろうか。正しい聖書解釈のために良い手引き書がほとんどない今日の日本において、この解説書はまことに時宜にかなったありがたい賜物だと思う。

（英知大学教授）

本文を読み始めるまえに

文学的ジャンル（文学類型）

冒頭から「イエス・キリストの黙示」と始まるとおり、この本は黙示文学という特殊な文学ジャンルに属します。黙示文学とは、初めユダヤ教、後にはキリスト教文学界で紀元前二世紀から紀元二世紀ごろに栄えた文学的ジャンルです。文書として現存する最古の黙示文学作品は旧約聖書の『ダニエル書』で、前二世紀の作品です。続いて聖書以外の、エチオピア語の『第一エノク書』（前二世紀中葉）、『ヨベル書』（前二世紀中葉）、『第四エズラ書』（紀元九〇年）、シリア語の『バルク黙示録』（紀元九〇年以後）、死海文書のいくつかなどがあり、キリスト教文書としてはこの『ヨハネの黙示録』のほかに、『ヘルマスの牧者』、『ペトロの黙示録』などがあります。このほか旧約聖書や新約聖書の種々の本に黙示文学的な断片は数多く見られます。いくつか新約聖書中の代表的なものを拾えば、マルコ13章、マタイ24章、テサロニケの信徒への手紙一の4章13〜18節など、多数あります。

黙示文学が世に出た時代に共通していえるのは、ユダヤ教の信徒にとっても、キリストの道を歩む者にとっても、自分の信じる信仰を公にして生きるのはむずかしい社会でした。ダニエル書が世に出たのは、ユダヤがシリアの王アンティオコス四世の支配下で厳しい迫害を受けていた時代です。ヨハネの黙示録が書かれたと推定される紀元一世紀の末はローマ帝国でキリスト教の迫害が厳しかった時代でした。

そのせいか黙示文学の著者はたびたび自分の名を明かさず、過去の有名人の名をかたっています。ダニエルやエノク、ペトロなどはその好例です。しかし後ほど見るようにヨハネの黙示録はその例外で、著者は自分の名を明らかにしているようです。

黙示文学の特徴はその内容にあります。神が歴史を導き、歴史に現世を超える意味を与えることができるだけでなく、歴史を目標点に導いていかれるという確信にもとづき、その神の光のもとに解釈しなければならない現実の歴史の出来事に深い関心を示します。終末の思想は黙示文学で主要な位置を占めますが、黙示文学の作家たちは、未来のいつなんどき世界の終末がくる、というような予告はしません。彼らは苦悩する同時代の兄弟姉妹たちの最大の問い「わたしたちの苦しみに意味があるのか」に答えようとしたのであり、いつこの苦しみが終わるのかということは彼らにとって神のご意志にゆだねられたことだったのです。

聖書の神が全世界の創造主であり、歴史全体の主ですから、聖書の終末論は当然宇宙的な枠組みで表現されています。歴史の終末、今のこの世界の終わりということは、黙示文学にとってはけっして悲劇ではなく、喜ばしい希望として描かれています。

歴史の意味を述べるにあたっては、複雑で洗練されたシンボルを用いて表現します。著者の見た幻、天使の告知、れっきとした配役をもって登場する動物たち、神秘的な意味を与えられた数字、なぞのような表現なども黙示文学につきものです。

以上あげた特色のすべてはヨハネの黙示録にも見られます。けれどもこの本には黙示文学の枠をはみ出すような特徴もあります。著者はみずからを預言者であると主張し（10・11、22・9参照）、自分の作品を繰り返し預言と呼んでいます（1・3、22・7、19参照）。旧約の偉大な預言者たちの系列に属する者という自覚をもって、著作のなかでも自分に耳を傾ける聴衆とたえずかかわりを保っています。これは黙示文学の範疇を出ることですが、旧約聖書のダニエル書とは共通しています。

啓示と励ましを兼ねたこの書は、典礼の場での朗読を目的として書かれているということも、この書を読むさいに心に銘記する必要があります。黙示録は単に読む本ではなく、祭儀のなかで耳を傾け、それを心に留めて生きるための本だからです。

著者

『トリュフォンとの対話』というキリスト教弁論の書を残した二世紀半ばの殉教者ユスティノスは、その著作のなかで、ヨハネの黙示録の著者はキリストの使徒の一人であったヨハネであると述べています。少し下って二世紀末に南ガリア（現フランス）リヨンの司教エイレナイオスは、『異端反駁』のなかで、黙示録は福音書の著者と同一の、主の弟子であったヨハネの手によって書かれたと主張し、このヨハネはエフェソの長老たちと親交があったと伝えています。

三世紀にエジプトのアレクサンドリアで活躍した博学のオリゲネスも、本書の著者がゼベダイの子ヨハネであることを疑いませんでした。

このような権威ある証言があるため、古来教会の伝承では「黙示録の著者は第四福音書の著者であり、三つの書簡を残したイエスの十二使徒の一人、ゼベダイの子ヨハネである」という説が一般に広く信じられていました。けれども、まれにこれを疑問視する意見も比較的古くからあり、オリゲネスの死後まもなくアレクサンドリアのディオニュシオスは本書のギリシア語を分析し、その用法が福音書とは違うことを理由に、同一人の作とは考えられないと主張しています。現在の学者たちの間では、著者をゼベダイの子使徒ヨハネ、あるいは第四福音書の著者と同一視する人は少なく、むしろ本書の内容から、ヨハネという名の、一世紀末にアジア州の諸教会によく知られた人物だと考えています。黙示録によれば、著者は預言者であることを自認し（22・9）、この書の内容を預言（1・3、22・7ほか）と呼んでいます。彼はこの書を典礼祭儀のなかで会衆に向けて朗読するための書（1・3）として記しています。執筆の意図は、当人を含め朗読を聴く会衆が生きている多難な歴史的出来事はけっして無意味な悲劇ではなく、歴史の背後にあってそれを必ず完成させる力のある神の摂理の鎖の一環であること、各自には救いの歴史の完成に寄与する生き方があることを教え、主への信頼のうちにその愛に踏みとどまるように励ますことだと思われます。

著作年代

著作年代についての最も古い伝承も、エイレナイオスにさかのぼります。彼は右にあげた著書のなかで、この書がローマ皇帝ドミティアヌスの治世（八一～九六年）の終わりごろに書かれたと伝えています。ドミティアヌスの時代といえば、皇帝礼拝が厳しく要求された時代でした。ちょうどそのころ、七〇年のエルサレム陥落によって、約束の地をふたたび追われたユダヤ人は亡国の民となり、民族の存亡をかけてアイデンティティの再確認をはかっていましたが、ユダヤ教のリーダーたちは、ナザレのイエスに従う者たちを異端と認めるようになったのです。ユダヤ人キリスト者たちは、苦悩しながらシナゴグ（ユダヤ教会堂）を去り、キリストに従う道を選びとっていきました。黙示録著作年代については他の意見もあり、確実とはいえませんが、証言が古いうえに、内容とも矛盾しないので、一応ドミティアヌス時代と考えるのを妥当と認める学者が多いようです。

黙示録のシンボル

黙示録を読み進めるうえで欠かせないシンボルの解読についても、簡単にお話ししておきましょう。黙示録には奇想天外なさまざまのシンボルが自在に用いられているので、少なくともそのおもなシンボルの意味をある程度読み解かないかぎり、この本を理解することはできません。以下、シンボリズムの解読という意味で「解読」という言葉を用います。

日常生活のなかでは説明不要のシンボルもたくさん使われています。日本人同士の会話で「あの方はまるで観音様だ」といえば、話題の人が情け深い人であるとわかります。「あのキツネめが」といえば、「ずる賢いやつ」というのは、だいたい世界共通に理解されるでしょう。けれども黙示録で使われているシンボルは、そう簡単には理解できません。

それは、まず第一に、わたしたちの文化とは異質の文化圏で生まれたものであることによります。第二に、著者は旧約聖書に精通していて、旧約の内容を独特の仕方で自由自在にシンボルとして利用するので、旧約の知識なしには理解できないことが非常に多いのです。第三に、著者は一つのシンボルの上に他のいくつものシンボルを重ねて用いるからです。そして最後に、いちばん大切なことですが、著者は自分が霊に満たされて受けた、人間の世界を超越し、人間の言葉では表現しきれない啓示内容をシンボルに込めて表現しているわけですから、同じ霊によらないかぎり、わたしたちにはわからないことがあるのです。

動物

一例として5章6節の小羊をとりあげて見ましょう。「わたしはまた、玉座と四つの生き物の間、長老たちの間に、ほふられたような小羊が立っているのを見た。小羊には七つの角と七つの目があった。この七つの目は、全地に遣わされている神の七つの霊である」とあります。
「ほふられた小羊」というイメージは、旧約聖書の世界を背景にもつ人々にとって、すぐにいけにえの小羊を思い出させます。特にエジプト脱出のとき、神の命令によって各家庭でほふった過ぎ越しの小羊（出エジプト12・21〜27）を想起させます。初子殺戮のみ使いは、このほふられた小羊の血をかもいに塗ったイスラエル人の住まいだけは過ぎ越し、エジプト人の初子たちは死んだのにイスラエルの初子たちは救われたのでした。さらに小羊はイザヤ預言書53章で歌われている徹底的に誠実な主のしもべを想起させます。彼は何のとがもないのに、多くの人の救いのため、人々の罪を一身に担い、ほふり場に黙々と引かれていく小羊のように、黙って死に赴く者として描かれています。

わたしたちは思っていた
神の手にかかり、打たれたから
彼は苦しんでいるのだ、と。
彼が刺し貫かれたのは
わたしたちの背きのためであり
彼が打ち砕かれたのは
わたしたちのとがのためであった。

彼の受けた懲らしめによって、わたしたちに平和が与えられ、
彼の受けた傷によって、わたしたちはいやされた。
わたしたちは羊の群れ
道を誤り、それぞれの方角に向かっていった。
そのわたしたちの罪をすべて　主は彼に負わせられた。
苦役を課せられて、かがみ込み
彼は口を開かなかった。
ほふり場に引かれる小羊のように
毛を切る者の前にものをいわない羊のように
彼は口を開かなかった。
捕らえられ、裁きを受けて、彼は命をとられた。
彼の時代のだれが思い巡らしたであろうか
わたしの民の背きのゆえに、彼が神の手にかかり
命ある者の地から断たれたことを……（イザヤ53・4～7）

イエスの死後、復活された主との、信仰における出会いという体験をした弟子たちは、過ぎ越しの小羊やイザヤ書の主のしもべのうちに、受難のキリストのシンボルを読みとったのです。

黙示録の著者とは別人のヨハネ福音書の著者も、洗礼者ヨハネにイエスを「神の小羊」と呼ばせています。ただし、福音書は小羊「アムノス」を用い、黙示録では小羊「アルニオン」を用いています。ともかく小羊というシンボルの意味はだいたい以上のようです。

さて、「ほふられたような小羊が立っている」とありますが、ほふられた小羊が立っているということは常識では考えられません。ほふられたものは死んでいるからです。黙示録を読みながらこのようにいくつも積み重ねられたシンボルに出合う場合、シンボルを一つずつ解釈していく必要があります。複数のシンボルを重ねて視覚的な映像を築こうとする誘惑に負けないことです。多くの画家が黙示録のさまざまな場面を描いていますが、そのようなイメージは黙示録理解にはほとんど役立ちません。

それでは「立っている」とは何を意味するのでしょうか。立つという姿勢は、黙示録においても福音書においても、復活のキリストに固有の姿を示し、その行動の自由や速やかさを暗示しています。「ほふられた」と「立っている」はまったく矛盾したことのように見えますが、この二つがことさらいっしょにおかれていることにより、小羊、すなわちキリストの死と復活が、表裏一体であることを強調しているのだと理解できましょう。

「七つの角」を理解するためには、これまでの要素をしばらくわきにおいて、ゆっくりと省察する必要があります。数については次に説明しますが、七という数は黙示文学では全体とか完全さを象徴します。角は力を表すので、あらゆる力、特に神の民に救いをもたらすために選ばれた王（メシア）の、悪に打ち勝つためにふさわしい力を意味しています。「七つの目」は著者自身が「全地に遣わされる神の七つの霊」と説明していますから、霊のたまもののすべてがキリストに属することを意味します。「玉座と四つの生き物の間、長老たちの間に」ということの詳しい説明はまた後ですることとして、この小羊はこの世を超えた神の世界に神とともにあり、しかもこの世と密接な関係のうちにあることが述べられています。

「小羊とはキリスト」という基本的直観の上に、一度は十字架の上で死んだが復活させられて神のみもとに生きておられる方、すべての民を救うために必要な権能を備えた方、聖霊をもっておられ、これを派遣される方、というようなことが積み重ねられています。著者が「小羊」というとき意図しているキリストの姿は、以上のようなものであるといえましょう。

けれども、シンボルで話されているということは、著者が、現実の言語に還元できないことを語っているのだ、という事実を忘れてはならないと思います。人間の次元を超えることを語るにあたって、適切な用語が見あたらないからこそ、著者はシンボルに頼っているのです。ですから、あるシンボルが一定の現実の象徴であるとわたしが申し上げるとき、それが単なる示唆にすぎないことをご記憶いただきたいのです。

黙示録にはその他たくさんの動物が登場します。いつも象徴として用いられるわけではなく、6章8節の野獣のように、自然の動物をさす場合もあります（9・5、10・3、14・20など参照）が、多くの場合シンボルとして用いられています。動物がシンボルとして用いられている場合、それがポジティブに使われているにしろネガティブな意味で用いられているにしろ、神の超絶性と人間の中間に位置する力を示しています。これは歴史に影響を及ぼすことができ、しかも人間の力を上回るものですが、神の支配下にあることはいうまでもありません。

数

数値は量を示すものですから質的には中性なのですが、黙示文学では、特定の数値に質的な価値が与えられる場合があります。

「七」　旧約聖書でも七は完全とか全体を表すシンボルとして用いられています。たとえば創世記の創造物語の七日もその一例です。著者はこの伝統を受け継いで、さまざまな意味での完全さや全体を表すのに、七という数字を用いています。したがって文脈によってその意味を定めなければなりません。

この書物の構造を見ると、作品全体が七という数を基調にして展開されているのがわかります。七つの教会にあてられた手紙、七つの封印、七つのラッパ、七つの鉢などが全体の構造に深くかかわっていることは28～33ページの構造をごらんになれば非常にはっきりしています。こういう構造上の工夫にも、救いのわざが万有を巻き込むものであり、必ずその完成へと向かうものであることが暗示されていると思われます。

七つの教会（1・4）の具体的名前は1章11節にはっきりと記されていますが、著者は七という数を選ぶことによって、七つの教会に向けられたメッセージが単に小アジアの特定の教会だけにあてられたものではなく、普遍的に教会全体に向けられたメッセージであることも暗示していると解することができます。

それに反して、七の半分である三・五は、不完全さ、局部、一時的なことを示します。四十二か月（11・2）も、三年半といいかえることができるので、同じく限られた時、一時的な期間のシンボルです。

ただし、七はいつも聖なるものを表すとは限らず、13章1節に登場する獣の七つの頭のように、神に敵対するものについてもいわれることがあります。

「分数」　三分の一、四分の一などの分数も部分的で一時的なことのシンボルです。

「千」　七が文脈によっていろいろな意味での完全さを表すのに比べて、千はその数値が高いことからもうかがわれるように、ほとんどいつも神とキリストの行為のレベルでの完全さや全体性を表します。時間は本来中性のものであっても、そこに神とキリストの力が働くという観点で見れば千年と呼ばれ、同じ時間の経過であっても、キリストに敵対する者の影響している時間という観点から見る場合には、しばしの時と呼ばれるのです。

「十二という数」　十二はほとんどの場合イスラエルの十二部族あるいは十二使徒と関連しています。

数の遊び

作者は数の遊びにたけており、千二百六十日という数字も使っています。換算すると、

(12×3×30)+(6×30)=1,260

十二は月の数、三は三年、三十は一か月の日数、六は月の数になりますからやはり先の三年半と同数ですが、同じ長さを月で数えるのと日数で数えるのではニュアンスが違ってきます。11章3節の「わたしは、自分の二人の証人に粗布をまとわせ、千二百六十日の間、預言させよう」という表現をとりあげてみましょう。これによって作者は、教会が現実に体験している危機の間、来る日も来る日もあかしが与えられるということを強調したいのだろうと思われます。同じような意味で12章6節でも千二百六十日が用いられています。

長老の数が二十四人であるのもイスラエルの民と教会が一つになった典型的な姿を代表している人たちだからでしょう。14章の「十四万四千人のあがなわれた者」も真のイスラエルとして、

$12^2 \times 1000 = 144,000$

という象徴的な数が用いられています。

六百六十六。13章には神を冒とくし、聖なる者たちと争う獣の話が出ています。13章の最後を読んでみましょう。「ここに知恵が必要である。賢い人は、獣の数字にどのような意味がある

かを考えるがよい。数字は人間をさしている。そして、数字は六百六十六である。」（13・18）

聖書についてほとんど何もご存じない方から、この章節をはっきりあげて、質問された経験が一度ならずあり驚きました。日本でもこの一節に多くの人の好奇心が寄せられているようです。学者たちの解釈は一致をみていませんが、いちばん普及している説はネロ皇帝という解釈です。イスラエルでは今でも聖書の章節などをよくアルファベットの文字で示しますが、アラビア数字が普及する以前にはもっぱら二十二文字のヘブライ語のアルファベットで数値を表していました。六百六十六を示すヘブライ子音文字をローマ字で記せば、NRWN　QSR（ネロ皇帝）となります。Nの数値は五十、Rは二百、Wは六、Qは百、Sは六十ですので、

50＋200＋6＋50＋100＋60＋200＝666

となります。ローマ皇帝ネロは紀元六〇年代のキリスト教徒大迫害を引き起こした人物です。たぶんこの解釈はあたっているかもしれません。しかしこの場合にも、ネロと書かずに六百六十六というシンボルを用いることにより、当時の人々にとってはネロを意味したかもしれないこの数値は、人類史のさまざまな時期に、ネロに匹敵する別の人物を象徴することができるのです。

シンボルは解読されると同時に、現実の歴史への適用を要求する

黙示録の語り手が相手としているキリストを信じる共同体は、救いの歴史のすでに成就した

部分と、これから起こるべきこととの中間の歴史的時空におかれています。彼らは、まずキリストのみ言葉に耳を傾けて内的に清めていただき、その後、祭儀のなかで行われる神の知恵に照らされた黙想をとおして、自分の生きている「時」がどのような意味をもつかを悟り、そこから出た結論によって行動を起こすように導かれます。このような識別をすることにより、読者は著者がシンボルを駆使してこの作品のなかに凝縮している内容を、自分の生きている具体的現実にあてはめて検討することができる者になるよう招かれています。

神の知恵に照らされて行う省察の第一はシンボルの解読であり、第二はシンボルの解読によって得た内容を自己の具体的生活に適用することです。

黙示録はその前半にも後半にも、著者と同時代の出来事を暗示し、想起させることがいくつか述べられているというのは否めません。しかし著者がこれらの出来事をいつもいろいろの象徴で包んでいるという事実は、これらの出来事から歴史的な具体性をはぎとり、一つの典型として理解するようにとの呼びかけとして受け止められます。このようにして黙示録で語られる出来事は、歴史の神学的理解の公式として現れてきます。

たとえば18章に「バビロンの滅亡の歌」がありますが、バビロンが当時のローマを象徴することは、当時の読者だけでなく、当時のローマについての知識をもっている者には、すぐに読みとれることです。しかし同時にそれが、「ローマ」とではなく「バビロン」と呼ばれていることにより、いつの時代であれ、まったく神を無視する組織構造をもつ社会一般に通用するものとなっています。あるシンボルを解読して、一つの歴史的出来事にあてはめ、その出来事を神学的に理解することができたとします。しかしそれで、いつまでもそのシンボルをその歴史的出来事に結びつけておくのは見当違いです。いったんわたしたちの周りに生起している出来事の神学的理解を照らしてくれたシンボルは、わたしたちがそれを悟ったとたんに、ふたたび一つのシンボルとして、新しい内容を象徴できる器になっているのです。

忘れてならないことは、黙示録の悪のシンボルや詩編の「敵」を、いつも自分以外の者のなかにのみ探し、自分自身のうちに潜んでいるかもしれない悪や敵に目をつむることのないよう、目を覚ましていることでしょう。聖書は好奇心を満たすためではなく、神への道、命の糧として与えられているからです。

ヨハネの黙示録の構造

一冊の本を読む場合、その目次を見ておくのが役立つことがあるように、本の構造を知っているということは、一つの道しるべをもつという点で役に立ちます。無味乾燥に感じる方、あるいはむしろ自分でそれを見いだしたい方は、この部分を飛ばして先に進まれてもけっこうです。ただ、複雑なこの書を読んでいく過程で、ときどき、今自分は黙示録のどの部分にさしかかっているのかを確認するのは、理解を助けることになるでしょう。
構造についての学説は種々ありますが、本書では基本的にウーゴ・ヴァンニ教授の説に従って話を進めたいと思います。（U.Vanni "*La Struttura Letteraria dell'Apocalisse*" 176～205ページ参照）
邦訳を見ると、まず「ヨハネの黙示録」というタイトルがありますが、これは著者によるものではなく、後世に写本家が便宜上つけたものです。
黙示録は大きく分ければ、序（1・1～8）、第一部（1・9～3・22）、第二部（4・1～22・5）、そして結び（22・6～21）からなっています。

序文　1章1～8節
　タイトル　1章1～3節
　開始の祭儀　1章4～8節

第一部　七つの教会へのキリストのメッセージ
　復活したキリストとの新しい出会い　1章9～20節
　　復活したキリスト自身が著者に、まず旧約のシンボルを用い、やがてさらに現実的に、みずからを啓示される。
　七つの教会への手紙　2章～3章
　　これらの手紙は、キリストがヨハネに命じて、小アジアの特定の七つの教会に書き送らせた手紙という形をとっています。七通というよりは、洗練された文学的構図に従って書き記された七つの部分からなる唯一の大きなメッセージと解釈することができます。

第二部　歴史の預言的解釈　4章1節〜22章5節

歴史を時代を追って解釈するという意味ではありません。歴史の初めから終わりまでを支配しておられる神の導きを意識するよう助けるパラメーターが紹介されるのです。このことについては後ほど詳述いたします。

第一段　導入　玉座と巻物と小羊　4章1節〜5章14節

第二部全体の序　4章1〜2a節

玉座に座っている方　4章2b〜11節

七つの封印を施された巻物と小羊　5章1〜14節

第二段　七つの封印の部　歴史の意味が少しずつ啓示される　6章〜7章

最初の四つの封印の開封　6章1〜8節

第五の封印の開封　殉教者たちの祈り　6章9〜11節

第六の封印の開封　救いの歴史の預言的先どり　6章12節〜7章17節

天変地異によって示される神の怒り　6章12〜17節

終末を先どりする十四万四千人　7章1〜8節

決定的終末の恵みに浴する大群衆　7章9〜17節

第三段　七つのラッパの部　救いの歴史は進展し始める　8章1節〜11章14節

ラッパの部は、他の七のシリーズ（封印と鉢）の文学的発展のほかに独特の要素の発展が見られます。第四のラッパの吹奏によって起こる天変地異の後、一羽の鷲《わし》が荘厳に「不幸だ、不幸だ、不幸だ」と三回の災い宣言をします。そしてこれらの不幸は第五、第六、第七のラッパ吹奏の後に起こることと符合します。

第七の封印が解かれると、最初のラッパ吹奏に続いて第六のラッパまでが吹き鳴らされます。七つ目のラッパは、次の部（11・15〜19）の導入の役を果たしています。

　第七の封印の開封　8章1〜5節

　第七の封印は聖徒らの祈りとその結果を示し、相次ぐ七つのラッパの部の導入となり、結局は黙示録後半のすべてを引き起こすことになります。

最初の四つのラッパの吹奏とその結果　8章6〜12節

三つの災いの告知　8章13節

第五のラッパの吹奏とその結果（第一の災い）

　人類の歴史のなかにある悪魔的なもの、いなご　9章1〜12節

第六のラッパの吹奏とその結果（第二の災い）

　悪の一時的勝利　9章13節〜11章14節

地獄の騎兵　9章13〜21節

天使の誓いと小さな巻物の授与　10章1～11節
　二人の証人の幻　11章1～14節
第四段　三つのしるし　11章15節～16章16節
この部分で、これまで続いてきた一連の七のシリーズが途切れるように見えますが、第三の災いの到来に先立って幕間劇のように三つのしるしの部がはめ込まれ、その後に続く第三の災いとともに七つの鉢が紹介されて終極の裁きが始まります。
　第七のラッパの吹奏　11章15～19節
女（第一のしるし）と竜（第二のしるし）　12章1～18節
　女と竜　12章1～6節
　天上での竜とミカエルとの戦い　12章7～12節
海からの獣と地からの獣　13章1～18節
　海から上がってくる第一の獣　13章1～8節
　知恵文学的な勧告　13章9～10節
　地中から上がってくる第二の獣　13章11～17節
　知恵文学的な勧告　13章18節
新しい歌　14章1～5節
永遠の福音と終末の刈り入れ　14章6～20節

永遠の福音とそれぞれのメッセージを携えた三人の天使　14章6～13節
終末の刈り入れ　14章14～20節
穀物の刈り入れ　14章14～16節
ぶどうのとり入れ　14章17～20節
第三のしるし　最後の七つの災い　15章1節～16章16節
七つの災いを携えた七人の天使たち　15章1～8節
神の怒りを盛った七つの鉢　16章1～16節

第五段　救いの歴史の結論　16章17節～22章5節
導入　16章17～21節
大淫婦《だいいんぷ》の正体とその滅びの予告　17章1～18節
バビロンの廃墟から　18章1～24節
アーメン、ハレルヤ　19章1～10節
キリストの仲介による敵対勢力の絶滅　19章11節～20章10節
白馬の騎手キリストの荘厳な紹介　19章11～16節
終末の戦いにおけるキリストの敵対者たちの敗北　19章17～21節
キリストの最終的介入　サタンすなわち竜に対する裁き　20章1～10節
決定的裁き　20章11～15節

見よわたしは万物を新しくする　21章1節〜22章5節

新しい天と新しい地　21章1〜8節

新しいエルサレム　21章9節〜22章5節

結びの典礼的対話　22章6〜21節

ヨハネの黙示録　序文

タイトル　1章1～3節

[1]イエス・キリストの黙示。この黙示は、すぐにも起こるはずのことを、神がそのしもべたちに示すためキリストにお与えになり、そして、キリストがその天使を送ってしもべヨハネにお伝えになったものである。[2]ヨハネは、神の言葉とイエス・キリストのあかし、すなわち、自分の見たすべてのことをあかしした。[3]この預言の言葉を朗読する人と、これを聞いて、なかに記されたことを心に留める（新共同訳　ことを守る）人たちとは幸いである。時が迫っているからである。

「ヨハネの黙示録」という表題は、まえにも述べたように原著者によるものではなく、後代の写本家がつけたものです。日本語訳の場合、1節から3節は五つの文に区切られていますが、黙示録がもともと書かれたギリシア語のテキストを見ると「黙示　イエス・キリストの」と始まる長い一続きの文章で、これがいわば表題の役目をしています。「黙示」と訳されているアポカリュプシスという冒頭のギリシア語は、覆いをはぐという意味の動詞から派生した名詞です。ですからイエス・キリストの啓示といいかえることができます。この書はキリストをとおして与えられた啓示として示されています。しかし、その啓示はキリストから出たものではなく、神からのものであり、神がご自分のしもべたちに示そうと、イエス・キリストにゆだねられたものです。ですからイニシアティブをとる神と、それを神からたまものとして受けとり、わたしたちに伝えてくださるキリストが紹介されていますが、それだけでなく、天使も登場します。旧約聖書やユダヤの黙示文学では、解説者としての天使がたびたび登場しますが、ここでも、イエスは天使を介して著者しもべヨハネにこの啓示を知らせてくださいました。ヨハネはこの書に記されていることを直接見聞した証人であり、黙示体験をとおして神が悟らせてくださったことを心に温め、祈りのうちに芳醇《ほうじゅん》なものとし、幻という表現手段をとって語ってくれます。

◆起こるはずのこと（U.Vanni *“La Struttura Letteraria dell'Apocalisse”* 116〜119ページ参照）

啓示の内容は、すぐにも「起こるはずのこと」です。この表現はまったく同じ形で4章1節と22章6節にも見られますが、1章19節にも少し変形した形で登場し、この作品全体の構造を規定しています。本来、旧約のダニエル書2章28〜29節の「起こるはずのこと」というアラム語に由来しています。七十人訳聖書（古代ギリシア語訳旧約聖書）は右のダニエル書のアラム語をハ デイ ゲネスタイと訳しましたが、黙示録の著者はこれとまったく同じ言葉を用いており、それが「起こるはずのこと」と訳されているのです（共同訳は1・19で「今後起ころうとしていること」4・1で「この後必ず起こること」22・6で「すぐにも起こるはずのこと」ダニエル2・29で「将来起こるべきこと」と訳す)。ダニエル書の著者が、「起こるはずのこと」という表現で意図したのは啓示の内容でしたが、黙示録もそれを踏襲しています。著者は同じことを1章19節では「今後起ころうとしていること」といういくぶん違った形でいい表しています。1章19節を逐語的に訳してみると次のようになります。

見たことを、(黙示録の啓示全体、すなわち1章9節から22章5節)
また(=すなわち)
今あることを(1章9節から3章22節までの内容)
また
今後起ころうとしていることを(4章から22章5節の内容)
書き留めよ。

1章2節の「見たすべてのこと」は、本書の内容全体にかかわる表現なので、語り手は、それを1章19節では右のように「今あること」(1・9～3・22)と「今後起ころうとしていること」(4・1～22・5)の二つの部分に分けているのです。4章1節でも「この後起こるはずのこと」という句で、4章以下のことをさしています。つまり「起こるはずのこと」という言葉は、序(1・1～8)と第一部(1・9～3・22)、第二部(4・1～22・5)、および結び(22・6～21)を区切る役割を果たしています。すぐにも起こるはずのこととは何を意味するのでしょうか。これはけっしてわたしたちとかかわりのない遠いことではなく、神の救いの歴史の計画の光に照らして見たわたしたちが生きている世界の出来事、わたしたちの内面やわたしたちをとりまく世界の出来事、つまり歴史です。歴史といっても何か遠い昔の出来事ではなく、わたしたちがおかれている状況のなかに生起する歴史であり、また決定的終末の出来事でもあります。いっさいが神の支配のもとにある以上、すべては起こるべくして起こるのです。神はこの「すぐに起こるべきことのなかに働くご自分の救いの力」を、キリストを介し、天使の奉仕としもべヨハネを介して、シンボル、つまり象徴的な表現を使って話してくださいます。神の秘密をわたしたちの理解のレベルにもってくるのにいちばん適当なメディアは象徴的な言葉だからです。黙示文学の伝統はいつもシンボルを用いましたが、黙示文学だけでなく福音書のイエスも「わたしはよい牧者」とか、「わたしはぶどうの木、父は栽培者」「わたしは門」「わたしは道、真理、生命」などと、シンボルを使ってご自分の秘義をあかしされました。

3節に注目しましょう。「この預言の言葉を朗読する人と、これを聞いて、なかに記されたことを心に留める人たちとは幸いである。時が迫っているからである」とあります。一人が朗読し聴衆が耳を傾けるという集会の形態は、原始教会の誕生当初から、典礼祭儀のいちばん普通の形でした。著者はこの書が共同体の典礼の集いのなかで朗読されることを期待して書いているのであり、朗読に耳を傾ける人がそれを心に留めて生きることを願っています。このことは黙示録を読む場合、心に銘記しておく必要があります。

「時が迫っているからである」

救いの歴史は、イエスの死と復活という出来事以来最終段階に突入しており、終末はもう始まっていて、どんどん進展しています。最終的な救いの完成はいつか必ずくるのです。せっかく啓示の恵みを受けても、実際にそれを念頭において今日という日の具体的な生活条件のなかで、自分の生活に適用しなければ何にもなりません。わたしたちの日常生活、わたしたちの生きている歴史の出来事に照明をあて、出来事のなかに働く神の力に目を開くために与えられる預言的なメッセージを、喜びと感謝をもって聞きましょう。ヨハネに導かれている会衆も、わたしたち読者も、黙示録の主人公なのです。しもべヨハネの語ってくれるメッセージを聞くだけではなく、歴史の現実という舞台に生きる者としてメッセージを深め、黙想し、ゆっくりと消化して実生活に生かすように呼びかけられています。

開始の祭儀　1章4〜8節

ヨハネの言葉はしだいに聞き手を対話に誘い込むような調子を帯びてきます。4〜8節は典礼の場での朗読者と聞き手の間の対話の形をとって展開していきます。

（U.Vanni *"Apocalisse"* 63ページ）

朗読者　4〜5ヨハネからアジア州にある七つの教会へ。今おられ、かつておられ、やがてこられる方から、また、玉座の前におられる七つの霊から、さらに、証人、誠実な方、死者のなかから最初に復活した方、地上の王たちの支配者、イエス・キリストから恵みと平和があなたがたにあるように。

集会　わたしたちを愛し、ご自分の血によって罪から解放してくださった方に、6わたしたちを王とし、ご自身の父である神に仕える祭司としてくださった方に、栄光と力が世世限りなくありますように、アーメン。

朗読者　7見よ、その方が雲に乗ってこられる。すべての人の目が彼を仰ぎ見る、ことに、彼を突き刺した者どもは。地上の諸民族はみな、彼のために嘆き悲しむ。

集会　しかり、アーメン。

朗読者　8神である主、今おられ、かつておられ、やがてこられる方、全能者がこういわれる。「わたしはアルファであり、オメガである。」

「アジアにある七つの教会へ」

この七つの教会は、もう少し後の11節で、地理的にもはっきりと小アジアの西、エーゲ海寄りの地域、黙示録が書かれた当時はローマの属州アジア州と呼ばれていた地域にあった七つの町（エフェソ、スミルナ、ペルガモン、ティアティラ、サルディス、フィラデルフィア、ラオディキア）であることが明らかにされます。けれどもこの手紙は実際にこの七つの教会にあてられたものなのでしょうか。それだけとはいいきれないものがあります。黙示録が書かれた当時、アジア州にはほかにもヒエラポリス、マグネシアなど盛んな教会があったことを、わたしたちは二世紀の殉教者イグナティオスの手紙その他で知っています。それなのに作者は、この七つの教会を選んでいます。黙示録では七という数字は「全体」または「完全」のシンボルですから、この七つの教会は前述のアジア州の七つの教会をさすとともに普遍的に教会一般をもさしていると解すべきでしょう。七つという数で形容することによって、教会に時空を超えた普遍性を与え、本書のメッセージが全教会にあてられたものであることを暗示しています。したがって黙示録のメッセージは、現在これを読むわたしたちの共同体にも向けられたメッセージであるということができます。わたしたちもヨハネに耳を傾ける共同体と一つになってメッセージを受け止めましょう。

原文のギリシア語の順序からいえば、「アジアにある七つの教会へ」に続いてすぐ「恵みと平和があるように」との祝福を祈念する言葉がきます。恵みとはギリシア語の「カリス」で、これはわたしたちに最高によいものを与えてくださる、あらゆるよいものの源である神の慈しみを意味し、最終的にはこの恵みはキリストとして具体的に現れました。このキリストは、受け手であるわたしたちが彼に気づいて心の扉を開くならば、わたしたちにとってシャロム、すなわち充実した平和となります。

朗読者は言葉を続け、その恵みと平和の源を明らかにしています。

「今おられ、かつておられ、やがてこられる方から、

また、玉座の前におられる七つの霊から、

さらに、証人、誠実な方、死者のなかから最初に復活した方、地上の王たちの支配者イエス・キリストから」（1・4～5）

今おられ、かつておられ、やがてこられる方とは、黙示録だけに見られる神の名です。この短い対話のなかに二度も繰り返されることに注目しましょう。この表現はたぶん神がモーセの願いに応じて明かされたイスラエルの神の固有のみ名「わたしはある、わたしはあるという者だ」（出エジプト3・14）を念頭において、それを分かりやすくいいかえたものと思われます。

「今おられ、かつておられ、やがてこられる方から」

出エジプト記の文脈を見ると、この名前には存在するというニュアンスよりも、「欲するままに欲する者とともにいる者」というニュアンスのほうが強いのです。黙示録のなかでも、このみ名には、かつてあのエジプト脱出のときに、モーセというリーダーを与えて導き出し、約束の地に連れていってくださり、バビロンでの捕囚という辱めをとおして民を目覚めさせ、ふたた

び主への忠実に立ち返らせてくださった契約に誠実な神――かつてこれほどのことをしてくださり、そして今、わたしたちを支えてくださる神は、世界のキリスト化をとおして、いっそう深い意味でともにいてくださる方であり、終末にはキリストの再臨によって決定的に歴史に介入してくださる神であるという意味合いが含まれるでしょう。

「今おられ、かつておられ、やがてこられる方」というギリシア語の表現は、文法では認められない破格の形です。簡単に目立つ点だけを説明しましょう。ギリシア語の名詞や動詞の分詞形は、ラテン語やドイツ語のように、文法上どの役割を果たしているかによって格変化をすることに決まっています。著者はこの神の名に限り1節の場合のように、前置詞「から（アポ）」の後にくる場合にも、格変化の規則に反して主格のままで用いています。著作全体では文法にかなった格変化を守りながら、この神のみ名に限ってはあえて読者に目を見張らせるような文法違反を犯しているのにはきっと理由があると思われます。神が現在、過去、未来という時間を超えて、ご厚意をもってともにいてくださる方だけでなく、永遠に変わることのない誠実な方ということも表現したかったのではないでしょうか。

今わたしたちを支え、わたしたちをご自分の命にあずからせてくださる神は、「かつておられ」とあるように歴史始まって以来いつもそうでしたし、今もともにおられ、終わりなくそうでありましょう。救いの歴史のなかで、いつも民を愛し、教え、導いてくださった神、導き続けてやがて約束の地に導き入れるといわれた、あの契約の神です。過ぎ去った救いの歴史の過程でたえずイスラエルの民に同伴し、存続させ続けてくださった神は、今も、たえず愛情込めて民を見守り、存在させる方であり、創造と救いのわざを再臨の日まで続けてくださる方であることを意味します。朗読者は説明を続けます。

「また、玉座の前におられる七つの霊から」

「玉座」は神の玉座です。「七つの霊」は、神の七つのたまものをもたらす聖霊とでもいうか、聖霊自身よりもむしろ聖霊の七つのたまもののほうが強調されたいい方ですが、神に遣わされる聖霊のたまものの総体をさしていると考えればいいでしょう。

キリストのさまざまなタイトル

「忠実な証人」　ご自分の生活と言葉で神がわたしたちに啓示しようと望まれることを全部完全に表現し、また、自分自身を与えるという意味で忠実な証人です。

「死者のなかから最初に復活した方」は、原文では死から最初に生まれた方とあります。わたしたちと死をともにし、神の子としての自分の命をわたしたちに伝えるために、その悲劇性のすべてを経験したうえで復活させられたイエスは、こうして多くの兄弟姉妹の長兄となられました。

キリストは「地上の王たちの支配者」ともいわれています。「地上の王たち」は黙示文学では、わたしたちの歴史に重くのしかかっている倫理的にネガティブで腐敗した権力の権化をさす用語です。イエスはこういう種類の社会的、政治的な悪にも勝つことのできる方で、わたしたちとともにこれらの力に勝たれます。

会衆は朗読者が示してくれた手がかりを頼りに、キリストを沈黙のうちに観想し、「わたしたちを愛し、ご自分の血によって罪から解放してくださった方に、わたしたちを王とし、ご自身の父である神に仕える祭司としてくださった方に、栄光と力が世々限りなくありますように、アーメン」と答えます。

これはキリストがご自分の教会のためにかつてなさり、今も実現し続けてくださっているすばらしいわざに対する感謝に満ちた賛美です。愛し（アガポンティ）と直接法現在分詞が使われているように、キリストは「もしあなたがこうだったら」とか「もしこうすれば」とかいう条件なしに、まったく無条件に、あるがままのわたしたちをつねに受け入れ愛してくださいます。たとえわたしたちの愛が衰えるときにも、けっして衰えることなく変わらない、いつも現在であり続ける愛をもって愛してくださいます。神やキリストの愛は、いつも無条件の百パーセントの愛です。

「罪から解放し」

会衆は自分たちが潔白であるとはけっして考えていません。キリストに慈しんでいただき、その命を賭けた愛によって罪から解放された者であるとの自覚をもって、キリストを賛美しています。

「わたしたちを王とし、ご自身の父である神に仕える祭司としてくださった方」

ほとんどの邦訳は右に似た訳になっていますが、「わたしたちを王とし」の原文を文字どおりに訳せば「わたしたちを王国とし」となります。佐竹氏の訳では「わたしたちをその父なる神のために王国・祭司たちとした」となっており、ヴァンニのイタリア語訳も同じです。著者はたぶん出エジプト記19章6節を念頭においています。そのヘブライ語は「祭司たちの王国」とも「王国、祭司たち」とも訳せるものなのです。七十人訳ギリシア語聖書は前者を選び、テオドシオン訳は後者を選んでいます。著者は「王国、祭司たち」のほうを選んだわけです。だれがわたしたちを王国、祭司たちとしたかといえば、文脈からキリストであることは明らかです。キリストがわたしたちキリストの道を行く者を「王国―祭司」にしてくださったのです。かつてイスラエルに「あなたたちは、わたしにとって王国、祭司たちとなる」と神が約束されたことを、キリストが実現してくださったのです。信徒がキリストの祭司職に参与するという意識のまだまだうすい教会の現状を考えるとき、注目したい一節です。

先に罪からの解放のことが歌われていましたが、あそこで罪はわたしたちを縛るもの、わたしたちが使命を実現するのを妨げるものと解されています。教会の使命とは何でしょうか。

会衆はイエスが自分たちに王国を与えてくださったことを知っています。王国、つまり、愛の完全な支配を確立するために、イエスがなさったように、また、イエスとともに善をもって悪に勝つ戦いに参加する務めをもっています。ほかの務めは免除されることもあるでしょうが、この罪との戦いという務めは、どんな状況にあっても果たすことができるために、免除されることはありません。

この王権にあずかることとキリストの祭司職への参加には、深い関連があります。わたしたち自身の内面でも、人々との間でも、善をもって悪に勝つことにひたすら努める人の全生活は神へのたえまない礼拝となります。そして、人々と神との間の唯一の大祭司であるキリストの仲介にあずかるように召されています。

神に呼ばれて集められた神の民イスラエルがそうだったように、教会は常識的な団体とは違います。ふさわしくない証人であってもなお恵みの証人であってほしいと呼びかけ続けられています。キリストがわたしたちに父の愛を命の奉献をもって伝えてくださったように、わたしたちもお互いに大切にし受け入れ合うことによって、お互いに生かし合いゆるし合うことによって、キリストの愛を目に見えるものとしなければなりません。重荷を負い、互いに人を立てる者となるように努力しなければならないのです。自分がへりくだって相手をすぐれた者と思う必要があります。

会衆は自分たちが、キリストの牧者としての立場と祭司としての立場に参与するよう招かれていることを改めて自覚し、これを表現してから、引き続き直接キリストを賛美します。わたしたちはすべてをキリストに負い、すべてを彼とともにし、すべてを彼に帰するのです。救いの歴史の全過程で現れる力は、最後にはキリストの栄光となって現れるでしょう。

朗読者は、キリストが最終的にその栄光を現されるときにはいっさいの悪を滅ぼされるということを宣言します。

「見よ、その方が雲に乗ってこられる。すべての人の目が彼を仰ぎ見る、ことに、彼を突き刺した者どもは。地上の諸民族はみな、彼のために嘆き悲しむ。」（ダニエル7・13とゼカリヤ12・10〜12参照）

終末にキリストの栄光が輝くと同時に、わたしたちにとって害であったいっさいのものは滅ぼされ、救いの歴史の実現過程でキリストを無視したり、救いの歴史の進展を妨げようとした者たちは制圧されるでしょう。

聴衆は旧約の預言の託宣の響きをもつこの荘厳な宣言に心を打たれて、静まりかえり、それを反すうしてから、宣言に賛成し「そうです」と答え、その確信は祈りとなります。「そのとおりです、アーメン。」

ここに至って典礼的な対話は最高潮に達しました。朗読者が神の名によって語ります。「神である主、今おられ、かつておられ、やがてこられる方、全能者がこういわれる。」こうして神ご自身が対話に入ってこられます。「わたしはアルファであり、オメガである。」そのメッセージはわたしたちに次のことを保証します。神は救いの歴史の初めであり、終わりです。ちょうどギリシア語のアルファベットの始めと終わりの文字のように、救いの歴史の始まりと終わりとをきちんと神が押さえてくださいます。わたしたちはその中間に各自自分の場を占めるよう招かれています。神ご自身がすすんでわたしたちの歴史にかかわってくださっているのです。めいめい自分の歴史を振り返れば、神がどれほど自分の歴史にかかわってくださったか思いあたることがあるでしょう。

第一部

キリストに導かれて歩む回心のプロセス

七つの教会へのキリストのメッセージ

復活したキリストとの新しい出会い　1章9～20節

[9]わたしは、あなたがたの兄弟であり、ともにイエスと結ばれて、その苦難、支配、忍耐に
あずかっているヨハネである。わたしは、神の言葉とイエスのあかしのゆえに、パトモスと呼
ばれる島にいた。[10]ある主の日のこと、わたしは〝霊〟に満たされていたが、後ろの方でラッ
パのように響く大声を聞いた。[11]その声はこういった。「あなたの見ていることを巻物に書いて、
エフェソ、スミルナ、ペルガモン、ティアティラ、サルディス、フィラデルフィア、ラオディ
キアの七つの教会に送れ。」

[12]わたしは、語りかける声の主を見ようとして振り向いた。振り向くと、七つの金の燭台が
見え、[13]燭台の中央には、人の子のような方がおり、足までとどく衣を着て、胸には金の帯を
締めておられた。[14]その頭、その髪の毛は、白い羊毛に似て、雪のように白く、目はまるで燃
え盛る炎、[15]足は炉で精錬されたしんちゅうのように輝き、声は大水のとどろきのようであっ
た。[16]右の手に七つの星をもち、口からは鋭い両刃の剣が出て、顔は強く照り輝く太陽のよう
であった。

[17]わたしは、その方を見ると、その足もとに倒れて、死んだようになった。すると、その方

は右手をわたしの上においていわれた。「恐れるな。わたしは最初の者にして最後の者、18 また
生きている者である。一度は死んだが、見よ、世々限りなく生きて、死と陰府《よみ》の鍵《かぎ》をもってい
る。19 さあ、見たことを、今あることを、今後起ころうとしていることを書き留めよ。20 あな
たは、わたしの右の手に七つの星と、七つの金の燭台とを見たが、それらの秘められた意味は
こうだ。七つの星は七つの教会の天使たち、七つの燭台は七つの教会である。」

「わたしは、あなたがたの兄弟であり、ともにイエスと結ばれて、その苦難、支配、忍耐にあずかっているヨハネである」と、著者は自己紹介しています。著者が今から語ろうとする幻に接したのは、パトモスでのことでした。エフェソの西方約百二十キロメートルのエーゲ海に浮かぶこの小島は、当時、遠島をいい渡された謀反人たちが流されるところだったのです。「神の言葉とイエスのあかしのゆえに」と書いてあることから、ヨハネは信仰ゆえにそこに流されていたことがうかがえます。主との新たな出会いを体験したのは主の日だったと述べることにより、著者は次のようなことをほのめかしていると思われます。彼が啓示を受けたのは主の復活を記念して信徒たちが礼拝を行っている日でした。体こそ遠く離れてはいても、彼の心は礼拝の場のキリストと兄弟たちとに深く結ばれていました。まさにそのようなときに恵みを得たのです。

それだけではありません。ヨハネは霊に満たされていました。それは魂を奪われた状態では

なく、預言者である彼が預言のたまものを受けて働いているとき、聖霊と彼との間に生まれる特別のつながり、あたかも聖霊に浸っているかのような状態を表現しています。神がみずからの神秘の一面を啓示してくださる出来事を語るとき、旧約聖書はよくラッパのように響く声とか、大水のとどろきのような声に触れています。ヨハネは自分が霊に満たされていくのを感じ、ラッパのように響く大声を聞いたと書くことにより、自分が聞いた声の主が神的な存在であると直感したことを表しています。「その声はこういった。『あなたの見ていることを巻物に書いて、エフェソ……ラオディキアの七つの教会に送れ。』」彼は示幻に接しただけでなく、受けた啓示を教会全体に伝えるために書き記す使命を受けました。

12～16節には声の主である人の子のような者、すなわち栄光のキリストの描写が続きます。そしてそれはやがて17節からのキリストの自己紹介で終わります。

この部分は旧約聖書、特にダニエル書とエゼキエル書のなかに見られる黙示文学特有の表現を駆使しながら、キリストの権威に満ちた姿を描いています。

七つの金の燭台（12）は少し後に説明されているとおり、教会、特に祈っている教会をさします。この場合の「人の子」は、ダニエル書7章13～14節に登場する神から諸国諸民のうえに権能を与えられる人の子を背景に語られています。著者は、人の子のような方という表現をもって、十字架上での受難と死の後に復活させられ、宇宙の支配権を父からゆだねられた栄光のキリストを暗示していると思われます。

人の子のような者が七つの燭台の中央にいるということは、キリストが教会のただ中に臨在しておられることを表しています。その装束はイエスとほぼ同時代の歴史家フラビウス・ヨセフスが証言しているユダヤの大祭司の服装に似ていますから、新約の大祭司としてのイエスの権能を象徴するものと解することができるでしょう。

エゼキエル書の43章2節に神の声は「大水のとどろきのよう」とあり、ダニエル書7章9節では神を「雪のように白い衣をまとった」老人のように描写しています。このように旧約聖書が神の描写に用いている特徴をキリストにあてはめることによって、彼がどれほど強烈にキリストの神的な側面を意識したかを物語っています。

「目は燃え盛る炎のようである」という表現の陰には「火をもって裁きにこられる神」（イザヤ30章参照）という旧約のシンボルがあります。火が体内にみなぎっている方として描写することにより、キリストが父からいっさいの裁きの権威をゆだねられた方であることを明らかにしています。燃え盛る炎のようなキリストの目は、心のひそかな秘密をさえ見透かすキリストの力を、炉のなかで精練され磨かれたしんちゅうのように輝く足は、キリストの裁きのもつあらがいがたい力を象徴するものと解することができましょう。

口から両刃の剣（イザヤ49・2参照）が出ているとは何を意味するのでしょう。この場合の両刃の剣はその口から出る「言葉」を意味します。キリストは確かに教会を裁きますが、その裁きは2～3章に見られるとおり、対話の雰囲気のうちに行われます。けっして断罪に終わるものではありません。主の裁きの言葉は確かに鋭い両刃の剣のようにわたしたちの心を刺しとおすかもしれません。しかしその剣が断ち切るのはわたしたちのなかにあって霊的に死んでしまった部分を除くためです。ちなみに黙示録19章13節では、キリストを神の言葉と呼んでいます。

キリストとの出会いはヨハネを圧倒するようなものでしたが、キリストはけっしてはるかかなたにおられる神ではありません。わたしたちとともにある神、わたしたちのための神です。そして、それだからこそ、わたしたちを裁くこともあるのです。

ここでヨハネは一瞬立ち止まります。聖霊の特別の影響のもとに行ってきた観想は、その頂点に達しました。神の顕現に触れた旧約の預言者たちや、ご変容の栄光を前にして気を失った使徒たちの例にもれず、ヨハネも圧倒されて気を失ってしまいます。

キリストはわたしたちを絶対的に超える方ですが、同時にわたしたち受け手の受容能力に合わせてご自分を示してくださることもおできになります。足もとに倒れているヨハネの上に右手をおいて「恐れるな」といわれる主は、日常の主です。ふだんのイエスの最初の配慮は安心させること、勇気と信頼をもたせることです。

こういうイエスに触れてヨハネはふたたび静かに観想を続けます。イエスは自己を啓示してくださいます。日常のイエスはいつもわたしの近くにおられる神の子であり、歴史の支配者です。それは復活のイエスであり、けっして滅びることない神の命を十全に所有し、それをわたしたちに伝えてくださる方なのです。もはや死さえも支配下においておられるので、みずからの命をわたしたちに伝えることができる方です。わたしたちにこの保証を与えるために、イエスは十字架の上で死を忍ばれ、復活させられたのでした。

最後に、ふたたび「見たことを」書き記せというキリストの命令がありますが、ここでは1章1節にはなかった「今あること」と「今後起ころうとしていること」が加えられています。今あることとは前述のとおり（38ページ参照）1章9節から3章にかけて語られていることであり、今後起ころうとすることとは4章以下のことを意味します。

「あなたは、わたしの右の手に七つの星と、七つの金の燭台とを見た」とのキリストの言葉には、安心しなさい、わたしは教会全体をしっかりと手中にもって守っている、という意味合いが込められています。

七つの教会への手紙

（別添「七つの教会への手紙の対照表」参照）

七つの教会への手紙の概要（U.Vanni *"Apocalisse"* 75～79ページ、*"L'Apocalisse"* 137～163ページ参照）

2章～3章は、まえの章で「人の子のような方」と呼ばれていたキリストが、ヨハネに命じてアジア州の七つの教会に書き送らせた手紙という形をとっています。この手紙は七通というよりは、洗練された文学的構図に従って構成された、七つの部分からなる唯一の大きなメッセージと受け止めることができます。ある意味でキリストに導かれて歩む回心のプロセスと解釈することができます。

七つの手紙はそれぞれ次の構図に従った回心の歩みを構成しています（別添の表参照）。

① あて先。「……にある教会に書き送れ。」

② キリストの自己紹介。「（右の手に七つの星をもつ方、七つの金の燭台の間を歩く方）が、次のようにいわれる。」かっこ内の内容は教会ごとに違います。

③ 各教会の長所と短所を指摘したうえでキリストの下す裁きの言葉。この裁きはちょうど医者が下す診断のように、あくまでいやしをめざす裁きです。「わたしは、あなたの行いと労苦と忍耐を知っており、また、あなたが悪者どもに我慢できず、みずから使徒と称して実はそうでない者どもを調べ、彼らのうそを見抜いたことも知っている……しかし、あなたにいうべきことがある。あなたは初めのころの愛から離れてしまった。」（2・2～4）

④　各教会に固有の勧め。例「だから、どこから落ちたかを思い出し、悔い改めて初めのころの行いに立ちもどれ……」（２・５）

⑤　七つの教会に共通の勧め。「耳ある者は、〝霊〟が諸教会に告げることを聞くがよい。」（２・７ａ）

⑥　終末的な各教会固有のたまものの約束。例「勝利を得る者には、神の楽園にある命の木の実を食べさせよう。」（２・７ｂ）

この手紙のなかでの語り手は復活したキリストです。新約聖書全体を見渡しても、復活されたキリストの言葉という形で、これほどまとまった長さのものが提供されている場面はここしかありません。キリストは直接教会に語りかけ、その状態に明断を下し、教会の内的な生活に深くかかわりながら、み言葉で教会を清めてくださいます。

・自分がどのような歴史的な時を生きていて、その特定の時は、自分に何を求めているかを識別し、

・それに応える的確で実践的な選択を行い、

・それを実現していくことができるようになるためです。

以上のことについては続く4章以下で語られていきます。

こう考えてみると、黙示録を黙想することは、今、現代のこの時期の日本に生きるわたしたちにとっても、光となるのではないでしょうか。

キリストの言葉は、神が「光あれ」といわれると「光があった」という、あの神の創造の言葉に似て、単に言葉に終わらず、結果を生むほどの力ある言葉です。もし教会がキリストの裁きの言葉に心を開き、信仰をもって受け入れるなら、清めが実現します。

各教会に向けられた言葉は、一般的でいつの時代にも適用できる価値のあるものであり、実際には教会全体に向けられています。特定の状況について言及している場合にも、象徴的な固有名詞（イゼベル、バラム、バラクなど）を用いることによって状況は普遍化されています。イゼベル（2・20）を例にとりますと、彼女はシドンの王の娘でイスラエル王アハブの王妃となった女性です。彼女が婚礼のときに連れてきた偶像崇拝の預言者や、彼らによってもたらされた異教の祭儀が、イスラエル人を堕落に導く誘惑となりました。著者は2章20節で、ある女預言者にこの名を与えています。こうすることにより、彼女の活動は信徒を信仰から逸脱させる危険をはらむものであることを示しているのだと思われます。このようにシンボルを用いることにより、一つの教会に下された裁きの言葉は、これに似たすべての場合に通用するものとなっているのです。

各手紙の構成要素中、初めの四つの部分の順序（あて先、キリストの自己紹介、キリストの裁きの言葉、特定の勧め）は、七つの教会をとおしてつねに変わりませんが、最後の二つ（一般的な勧めと勝利を得る者への約束）は、前半の三つの手紙と後半の四つでは順序が代わり、後半ティアティラの教会以降では、勝利を得る者への約束が先になり、一般的な励ましが後になっています。

作者がこのような文学的構造を採用した裏には、形式上だけでなく内容から見ても意味があります。

名指しで呼ばれることにより、教会はキリストと接触をもち、キリストの自己紹介を受けてキリストを再発見し、裁きの言葉をいただいて自分の本分について識別し、特定の勧めによって、改めたり、現在生きようと努めている善に忍耐強く踏みとどまるよう励まされるというのは、筋のとおった順序です。以上の四段階は時間的にも心理的にも、後先の順序を変えることはできません。それにひきかえ、み言葉に照らされて回心した教会は、もはや共通の勧め、あるいは終末的なたまもののいずれをも受ける準備ができているので、この最後の二つの順序は入れ替えが可能なわけです。

キリストの命令の言葉は表現内容の実現へと受け手を促すものなので、これを受け入れる場合には、実際に教会に変化が生じます。こうしてキリストとの触れ合いによって刷新された教会は、霊に聴くことも、キリストの勝利に協力することもできるものとされるので、⑤の一般的な励ましと、⑥の勝利を得る者への約束とは、その順序の入れ替えが可能なのです。

別添の表に従い、全プロセスを、まず七つの教会をとおして見る

あて先

キリストのメッセージは地理的にはっきり位置づけることのできるアジア州の七つの教会に向けられています。「……にある教会の天使にこう書き送れ」という表現は、七つのおのおのに共通なものです。七つの教会は、名指されたアジア州の教会だけでなく、全教会をもさしているということとその意味については、前述58ページを参照してください。キリストは歴史的にも地理的にも、はっきり限定された地域の教会共同体に言葉を向けると同時に、七つという数が選ばれていることによって、特定の地域教会の枠を越える普遍的展望ももって語っておられると理解できます。

メッセージは形式的には、教会の天使にあてられていますが、内容を読んでいきますと、二人称単数と複数が自在に使われていることから、教会全員に向けられているものと考えられます。

キリストの自己紹介

キリストは教会に自己紹介をしながら、教会にとって、ご自分がどのような方であるのかを

改めて確認させ、わたしたちが彼との関係を見直すようにと促されます。「……の方が、次のようにいわれる」と共同訳が訳している場合の原文は、直訳すれば、「……の者がこういう」となります。これは旧約時代の預言者が神の啓示の言葉を導入する場合の定型句「主はこういわれる」をほうふつとさせるものです。

2・1〜2〈エフェソの教会へ〉「右の手に七つの星をもつ方、七つの金の燭台の間を歩く方が、次のようにいわれる。」

キリストは祭司であるメシアとしての資格をもって教会にご自分を現されます。七つの金の燭台の間を歩くとは、祈っている教会をさします。キリストは祈っている教会のなかにあって、終末の次元が必ずくることをご自分の救いの力をもって保証なさいます（右の手に七つの星をもち）。

2・8b〈スミルナの教会へ〉「最初の者にして、最後の者である方（イザヤ44・6参照）、一度死んだが、また生きた方が、次のようにいわれる。」

キリストは死と復活という過ぎ越しの秘義の現実をもって、ご自分を現されます。彼は救いの歴史の初めであり終わりです。

2・12〈ペルガモンの教会へ〉「鋭い両刃の剣をもっている方が、次のようにいわれる。」

キリストの言葉には抵抗できないほどの力があり、望むところどこにでも到達できるのです。

2・18〈ティアティラの教会へ〉「目は燃え盛る炎のようで、足はしんちゅうのように輝いている〈ダニエル10・6参照〉神の子が、次のようにいわれる。」

キリストは、ご自分の超絶性の最高の表現である「神の子」という名のもとに、復活したメシアとしてご自分を示されます。

3・1〈サルディスの教会へ〉「神の七つの霊と七つの星とをもっている方が、次のようにいわれる。」

霊の充満をもっておられる方としてキリストは現れます。

3・7〈フィラデルフィアの教会へ〉「聖なる方、真実な方、ダビデの鍵をもつ方、この方が開けると、だれも閉じることなく、閉じると、だれも開けることがない。その方が次のようにいわれる。」

キリストは聖なる方、また旧約の救いの歴史をご自分のうちに要約し、最高に発展させる方として描かれています。キリストはまた救いの歴史の終点です。キリストは救いの分野で、あらがいがたい権力をもっておられ、あらゆる妨げを覆す力をもっておられます。

3・14〈ラオディキアの教会へ〉「アーメンである方、誠実で真実な証人、神に創造された万物の源である方が、次のようにいわれる。」

新約のなかで、アーメンがキリストの属性として使われている唯一の例です。この表現の元になっている考えは何でしょうか。イザヤ書65章16〜19節が考えられます。

この地で祝福される人は

真実の神（エロヘー・アーメン）によって祝福され
この地で誓う人は真実の神によって誓う。

初めからの苦しみは忘れられる。

わたしの目から隠されるからである。

見よ、わたしは新しい天と新しい地を創造する。

初めからのことを思い起こす者はない。

それはだれの心にも上ることはない。

代々とこしえに喜び楽しみ、喜び躍れ。

わたしは創造する。

見よ、わたしはエルサレムを喜び躍るものとして
その民を喜び楽しむものとして、創造する。

わたしはエルサレムを喜びとし
わたしの民を楽しみとする。

泣く声、叫ぶ声は、ふたたびそのなかに響くことがない。（イザヤ65・16～19）

「アーメンである方」は神のがわの約束に対する忠実と、神の呼びかけに対する人間がわのポジティブな応えとしての「アーメン、はい」の二つながらを一身に具現しておられるキリストを表す名です。キリストは神の忠実を表すとともに、約束が有効であることをあかしし、そ

の具体的な実現を推し進める方を意味していると同時に、神のイニシアティブに対する教会の決定的な「はい」をも代表しておられます。

各教会の長所と短所を指摘したうえでキリストの下す裁きの言葉

神の子イエスはわたしたちの兄弟であり、わたしたちに向かっての神のたえまない「はい」であり、同時に神に対するわたしたちのポジティブな答えです。こういう意味でわたしたちのアーメンであるキリストは、教会共同体に裁きを下されます。燃える炎のようにすべてに浸透し見とおす目には、人の心の思いも全部あからさまになります。こうして、キリストがわたしにとってどなたであるかがはっきりとした今、その裁きに服するのは当然のこととなります。その裁きの言葉に耳を傾けましょう。

キリストは一つ一つの教会共同体に対して、ご自分の評価を打ち明けてくださいました。そこで、それぞれの教会の光と陰が明らかになりました。

2・2〜4〈エフェソの教会へ〉「わたしは、あなたの行いと労苦と忍耐を知っており、また、あなたが悪者どもに我慢できず、みずから使徒と称して実はそうでない者どもを調べ、彼らのうそを見抜いたことも知っている。あなたはよく忍耐して、わたしの名のために我慢し、疲れ果てることがなかった。しかし、あなたにいうべきことがある。あなたは初めのころの愛から離れてしまった。」

とても無関心には聞き流せないみ言葉です。キリストはそれぞれの教会に対する率直な評価をなさいます。こうして各教会の光と陰が明らかになります。しかも、教会に対するキリストの裁きは客観的です。細やかな誠実さ、忍耐、たえず進歩しようとする努力のようなポジティブな面もけっして見逃されず、各教会のなかに見られる長所を快く認め、喜んでくださいます。むしろみながそうあってほしいとお望みです。各教会の長所にまず目を留めるキリストの慈しみを十分に味わいたいものです。厳しく要求してやまない方というキリストのイメージが心に潜んでいるのに気づくたびに、この手紙ににじみ出ているキリストの慈愛をじっくりと味わってみましょう。

とはいえ、キリストはあまりにも真剣にわたしたちを愛してくださるので、教会が自分の弱さのなかに停滞していることは許されません。矯め直すべきことは単刀直入に発言なさいます。偽善的な生き方、善悪のなし崩しの妥協を我慢なさいません。うぬぼれて自己陶酔に陥ったり、他者を軽べつするようなことを許されません。それどころか兄弟姉妹への愛の衰退をご自分に対する愛の衰えと受け止め、容赦なさいません。愛は創造的なものですから、いつも新鮮さを保ち続けなければならないのです。

だからラオディキアの教会にはこういわれます。

3・15〜17「わたしはあなたの行いを知っている。あなたは、冷たくもなく熱くもない。むしろ、冷たいか熱いか、どちらかであってほしい。熱くも冷たくもなく、なまぬるいので、わたしはあなたを口から吐き出そうとしている。あなたは、『わたしは金持ちだ。満ち足りている。何一つ必要な物はない』といっているが、自分がみじめな者、哀れな者、貧しい者、目の見えない者、裸の者であることがわかっていない。」

この厳しい言葉も愛の言葉で語られています。恋人同士が語るときのような逆説的な語り口、「むしろ、冷たいか熱いか、どちらかであってほしい」という表現にも、真摯な愛を求めるキリストのみ心がにじんでいます。相手の回復を願うからこその、厳しさです。

各教会に固有の勧め

キリストは裁きに引き続き、各教会にふさわしい治療法を教えてくださいます。言葉は情熱を帯び、研ぎ澄まされてきます。まさに回心のときです。

2・5a〈エフェソの教会へ〉「どこから落ちたかを思い出し、悔い改めて初めのころの行いに立ちもどれ。」

2・10〈スミルナの教会へ〉「あなたは、受けようとしている苦難をけっして恐れてはいけない。見よ、悪魔が試みるために、あなたがたの何人かを牢に投げ込もうとしている。あなたがたは、十日の間苦しめられるであろう。死に至るまで忠実であれ。」

3・18～20〈ラオディキアの教会へ〉「そこで、あなたに勧める。裕福になるように、火で精錬された金をわたしから買うがよい。裸の恥をさらさないように、身に着ける白い衣を買い、また、見えるようになるために、目に塗る薬を買うがよい。わたしは愛する者をみな、しかったり、鍛えたりする。だから、熱心に努めよ。悔い改めよ。見よ、わたしは戸口に立って、たたいている。だれかわたしの声を聞いて戸を開ける者があれば、わたしはなかに入ってその者とともに食事をし、彼もまた、わたしとともに食事をするであろう。」（2・16、25、3・3aと11も参照）

どの教会の場合にも、具体的な教会所在地の歴史的状況を踏まえた配慮がありますが、ラオディキアの場合には特に顕著です。この町はローマ時代に繁栄し、金融業や織物業が栄え、また医学も盛んでその目薬は特に有名でした。紀元前二世紀のローマの眼科医クラウディオ・ガレーノも、この膏薬《こうやく》のことを書き残しているほどです。「精錬された金を買え」とか「身に着ける白い衣を買え」あるいは、「見えるようになるために、目に塗る薬を買うがよい」などという言葉のなかに、そのことが反映しています。

回心への呼びかけは切実で、胸に迫るものがあります。キリストはけっしてあきらめることなく強いることもなく、今も辛抱強く心の扉をたたかれます。もしラオディキアの教会が信仰をもってキリストに心の扉を開けば、なかに入って食事をともにしてくださいます。キリストの命がわたしたちのうちに実現します。清めは魔法のようにではなく、秘跡的に実現されます。当時は今のような形のゆるしの秘跡はまだなかったので、作者はこのことを、たぶん感謝の祭儀（ミサ）のときのキリストの臨在から思いついたのでしょう。この言葉がフィラデルフィアやスミルナのようなポジティブな評価を受けた教会にではなく、ラオディキアのようなネガティブな評価を受けた教会に与えられていることに注目しましょう。

初めに申し上げたとおり、この①から④のプロセスは七つの教会にとってまったく同じですが、⑤と⑥はティアティラの教会から始まる後半の四つの教会では順序が逆になり、約束が先にきて、最後に霊に聴くようにとの一般的勧めがきています。これには意味があって、清めが実現するためには、

a. キリストがわたしたちに呼びかけて、わたしたちとかかわりを保ち、

b. ご自分を明かしてくださることにより、わたしたちが、キリストはわたしにとってどなたなのかを意識し、

c. キリストに自己を評価していただき、その裁きに信仰をもって服し、

d. キリストの勧めをいただく必要があります。

この四つの段階を信仰をもって生きるとき、キリストの創造的な言葉は、わたしたちの回心、清めを実現し始めます。この勧めを信仰をもって受け入れることにより、フィラデルフィアやスミルナのようなポジティブな評価を受けた教会だけでなく、サルディスやラオディキアのようなネガティブな評価を受けた教会も、みんな清められて霊に聴き、約束を受けることができるものになっていきます。ですから終わりの二つのこと、約束と霊に聴くようにとの勧めは、順序が変わってもかまわないのです。

七つの教会に共通の勧め

耳ある者は〝霊〟が諸教会に告げることを聞くがよい(2・11)。

この言葉は七つの手紙それぞれの結びの部分に、キリストの呼びかけとして記されています。これをもう少し逐語訳的におきかえてみると「耳をもっている者は　聞きなさい　霊が諸教会にいうことを」となります。七回も同じ言葉を繰り返しているという事実から、これが著者にとってぜひとも伝えたいメッセージであることがうかがえます。

この呼びかけの言葉は、二重に七つの手紙の枠をはみ出しています。第一の問題は呼びかけの対象となっている人々です。ここまでの段階でキリストが語りかけていた相手は、少なくとも形式上は手紙のあて名人である教会の天使、あるいはあなたがたと呼ばれている教会のメンバーでした。それが今「耳ある者」となっているということは手紙のあて名人を越えて対象の枠が広げられているということです。

第二に何を聞きなさいといわれているのかを見ますと「霊が諸教会にいうこと」とあります。この呼びかけのまえまで、各教会は名指しでキリストの呼びかけを受け、それぞれに固有のキリストの自己紹介、裁き、勧めが与えられていました。今不特定の「耳ある者」に呼びかけられているのは「霊が諸教会にいい続けること」を聞き分け、熟慮識別し、自分のものとして実生活の中で体現していくことです。ですからもはや、どの教会のメンバーであれ、この手紙を読む者はこの言葉よりまえに書かれていた特定の教会あてのメッセージだけに耳を傾けて、それで足れりとすることはできないのです。

耳

「耳ある者」とはいったいどういう人を意味するのか、よく理解するには、「耳」が旧約聖書でどのようなものと理解されていたのかを確認しておくのも大切でしょう。

旧約聖書の世界では、ギリシアとは違って耳を単に聴覚の器官とは理解せず、人の話や命令などを刻みつける器官、つまりむしろわたしたちのいう脳に近いものとして考えていました。特に知恵文学では、耳は理解や識別、判断の座でした。ヨブ記12章11節に「耳は言葉を聞き分け、口は食べ物を味わうではないか」とあります。つまり耳は単に聞くだけではなく、ちょうど口が食べ物を味わい分けるように、耳も言葉を聞き分けるのだといっています。つまり音ではなく言葉の意味を批判的にとらえるということです。なお、聞き分けると訳されているヘブライ語の本来の意味は「調べる」、「試す」ということです。七十人訳聖書と呼ばれるギリシア語訳聖書では、この動詞を「判断する」と訳しています。

箴言の書には「あなたの心を諭しの言葉に　耳を知識の言葉に傾けよ」（23・12）とあります。ここでは耳は心と並行に用いられています。耳は人間の心のあり方を象徴するものとしても理解されていたことがわかります。そのよい例が、申命記15章17節にあります。この部分は奴隷について語っている箇所です。一定の期間が過ぎて自由を獲得する好機に恵まれたにもかかわらず、本人がそのまま奴隷としてとどまりたいという意志を表明する場合に、主人のとるべき態度として、冒頭にこう記されています。「あなたは錐《きり》をとり、彼の耳たぶを戸につけて刺しとおさなければならない。こうして、彼は終生あなたの奴隷となるであろう。」耳という言葉に、聞き従うという従順の意味をもたせていたことがわかります。知恵文学で耳を傾けよというとき、知恵の言葉によく耳を傾け、理解して自分のものとし、日常生活で実践するということまでを含みます。このような耳の理解は共観福音書（マタイ、マルコ、ルカの福音書）でも受け継がれて、「聞く耳のある者は聞きなさい」あるいはそれに似た表現がイエスの唇にのせられています。なお、「耳ある者」の「耳」は、福音書では慣例どおり複数形をとっています。器官としての耳は一対なので、複数（厳密には双数）を用いるのがヘブライ語やギリシア語では普通です。黙示録の「耳ある者」の場合の特徴は、耳がいつも単数で用いられていることです。このことも、この場合の耳は単なる聴覚の器官以上のことを意図して用いられていることを裏づけているといえましょう。

霊が諸教会にいうこと

ギリシア語のテキストを読んでみますと、新共同訳が「告げる」と訳しているギリシア語は、いうという動詞の継続を表す現在形が用いられています。つまり、霊がいい続けることというニュアンスがあるといえます。

　霊がいい続けることとは何をさしているのか、テキストをざっと通読しただけでははっきりしないかもしれません。耳ある者とはメッセージを解釈し、読み解く能力のある者であることは一応理解できましたが、「霊が諸教会に告げること」とはいったい何を意味するのでしょうか。黙示録のなかで、霊はいつ、どこで、どのように教会に語るのでしょうか。それはやがて見ていく4章1節から22章5節の間で、象徴的な言語を用いて展開されていくことをさしています。黙示録の本体ともいえるこの部分は、まさに聖霊がシンボルを駆使して語るメッセージです。わたしたちが読み解いて、現実にあてはめていかなければならない部分なのです。2章～3章に記されていた七つの手紙は、読者が4章以下のメッセージを読み解いて自分のものとすることができるように、心を整えるための回心のプロセスだったのです。

　聞く耳をもつ者となった教会に、霊は継続的に語りかけます。わたしたちの回心のしるしは教会の命に深く根ざし、教会がおかれている、今という時代の時のしるしを読みとり、その問題を受け止めて識別し、その要求に応えていくことです。このような働きのすべては、霊が諸教会に語ることを聞く耳をもつ者のあり方だといえましょう。これこそが回心のプロセスの実なのです。

　黙示録が提供してくれた回心のプロセスはその頂点に達しました。キリストがその活発な主役です。彼は親しく言葉をかけ、ご自分をより深く開いてくださり、教会を裁き、その励ましの言葉で力づけ、教会に語りかけるご自分の霊と直接にかかわりをもたせてくださいます。

イニシアティブはキリストがとってくださいました。その展開も結論も彼のものです。教会であるわたしたちに残されているのは、真心からの愛と信頼をもって彼に身を任せることです。彼はその愛にふさわしいだけでなく、その愛を吹き込んでくださる方です。キリストはけっして教会を幻滅に終わらせることはありません。

終末的な各教会固有のたまものの約束

キリストの約束は、改めてわたしたちにキリストの愛の豊かさを思い知らせてくれます。

2・7b〈エフェソの教会へ〉「勝利を得る者には、神の楽園にある命の木の実を食べさせよう。」

2・17〈ペルガモンの教会へ〉「勝利を得る者には隠されていたマンナを与えよう。また、白い小石を与えよう。その小石には、これを受ける者のほかにはだれにもわからぬ新しい名が記されている。」

3・21〈ラオディキアの教会へ〉「勝利を得る者を、わたしは自分の座にともに座らせよう。わたしが勝利を得て、わたしの父とともにその玉座に着いたのと同じように。」（2・26、28、3・5、12も参照）

キリストはわたしたちをありのまま受け入れ、愛してくださるということが本当にはっきりしています。フィラデルフィアのように誠実な教会ばかりではなく、ラオディキアも、その不完全さにもかかわらずキリストはそのまま愛してくださり、裁きの言葉で清め、勧めの言葉で励ましてくださいます。キリストが愛してくださるのは、ありのままの教会、ありのままのわたしたちであって、あるべき教会ではありません。教会もわたしも途上にあって、けっしてあるべき姿ではないからです。キリストにとって問題なのは一つ一つの今という時に勝利を得る者になることです。勝利を得る者とは、今キリストの恵みを信じ、誘惑と戦い、愛を生きようともがき努める者です。

キリストの約束はすべて、それぞれの教会の現状に則していますが、同時に、教会に終末的な未来の明るい展望を開いています。勝利を得た者は新しい名で象徴される刷新された人格をキリストからいただき、その栄光にあずかり、キリストの命の充満そのものを享受するでしょう。日々の生活の薄明かりのなかに、確かに明けの明星であるキリストが輝き出るのです。

第二部

歴史の預言的解釈

第一段　玉座と巻物と小羊　4章～5章

第二部全体の序　4章1～2節a

[1]その後、わたしが見ていると、見よ、開かれた門が天にあった。そして、ラッパが響くようにわたしに語りかけるのが聞こえた、あの最初の声がいった。「ここへ上ってこい。この後必ず起こることをあなたに示そう。」　[2]わたしは、たちまち〝霊〟に満たされた。

この部分は第二部全体の導入ともいえます。語り手「わたし」は前述のとおりヨハネです。ヨハネは預言者としての使命感をもって自分が見たことを、自分の聴衆である教会のメンバーたち、ひいては読者にも見るようにと誘っています。「開かれた門」はたぶん中東にあるジグラトからヒントを得たことかもしれません。高い階段のついた基壇の上に神殿があり、その天井に丸い窓が天に向かって開かれていました。この表現で著者が意図しているのは、人間生活の次元から天の次元、神の次元に移行するすばらしい可能性が開かれたということです。天は神の世界の象徴です。

ヨハネはキリストとの新たな出会い（1・9〜19）のときに聞いた「ラッパが響くようにとどろく大きな声」に招かれて、清めの道から一歩踏み出し、神的立場から物事を見るように誘われます。「上ってこい」とは日常の次元から神の視点に立つ次元に移行しなさいという意味です。ここでヨハネに呼びかけておられるのはキリスト、しかも復活して天に上られたキリストです。キリストはヨハネとヨハネを代表とする教会を天界の視座に立つように招き、その視点からこの後必ず起こること、すなわちすでにキリストの出来事とともに始まっている終末時代の歴史、刻々と決定的終末の完成へと向かっている歴史のなかで起こるべくして起こることを見せてあげようと招いてくださいます。

これからヨハネが教会集会を代表してそれを見せていただくわけですが、ヨハネは将来起こることを、時代を追って見せていただくわけではありません。歴史を貫き導いている宗教的な意味を悟らせ、今自分の生きている出来事にそのような意味があるならば、自分はどのような姿勢を保たなければならないか悟るよすがを与えてくださるのです。わたしたちが自分たちの生きている歴史を読みとってどのような行動的指針をもつべきかを、識別することができるようにと招いてくださるのです。黙示録のテキストがはっきり指摘するように、将来起こる出来事のなかに、神の計画のなかでたどられている一つの確かな筋があります。それを意識する助けとなる歴史のさまざまなパラダイム（枠組み）を見せてくださるのです。わたしたち人類の歴史の出来事、わたしたち一人ひとりの日常の生活の出来事はけっして偶然ではなく、それなりの論理をもっています。それらのことは必ず起きるのです。ですから教会は具体的出来事からなる歴史に、無関心な傍観者としての立場をとるわけにはいきません。反応を示す必要があります。出来事の意味に気づいて、その底にある価値を受け止め、その宗教的意味、つまり、神とのかかわりにおける意味を読みとって、しかるべき行動に出なければなりません。

著者は、歴史を神の視点から読むということがどんなに重大かを確信しているので、正しく読むことができるよう、4章と5章をその導入にあてています。そしてそれに続く七つの封印（6～7章）、七つのラッパ（8・11～14）、三つのしるし（11・15～16・16）の部分では歴史を読む鍵となるパラダイムを示してくれます。これらのことは、わたしたちがそれを参考にして、自分たちの歴史にあてはめ、それが自分にとってどのような意味をもち得るかを吟味する助けとなり、ひいては自分が神から何を期待されているかを識別するためのよすがとなるでしょう。

現在の歴史を読みとった後に、最後の部分で著者は、それを終末の次元から照らし出そうと努めています。現在自分が生きている歴史の意味を探って自分のとるべき責任を識別した教会に、救いの完成の次元を垣間見せてくれます。それが新しいエルサレムの叙述の部分です。自分が今生きている歴史にはどんな意味があるか、それなら自分はどのように生きなければならないかを自覚した教会は、最後はどこにたどりつくかを示されて、励まされるのです。

第一段の本論　玉座と巻物と小羊　4章2節b〜5章14節

導入の部の本論は4章の2節後半から始まります。

4章と5章は、ある意味で黙示録の神学のよりどころとなる三つのパラメーター、すなわち、玉座におられる方（歴史を支配する神）、その右の手にある七つの封印で閉じられた巻物、神の支配の仲介者であり、やがて神のみ手から巻物を受けその封を開く権威を与えられている小羊＝キリストが紹介されるたいへん重要な場面です。

6章以下では小羊が巻物を開くにつれて、この後必ず起こること、すなわち、すでに決定的な終末の救いの完成に向けて走り始めている終末の歴史のパラダイムが、幻の形で紹介され、そこには悪の脅威、厳しい試練と裁き、想像を絶し、いっさいの夢をはるかに越える最終的な救いが幾層にも重なって示されてゆきます。もしもこの導入なしに直接6章以下のことが示されるとしたら、あまりのすさまじさに気押されて、だれもついてゆけないかもしれません。これの後起こるべきことを語るまえに、それらすべての中心に神の崇高な権威と支配があること、しかも神はその支配の力を、まずみずから先に多くの人の救いのために苦しみを忍び、十字架上での死を経て復活させられた小羊＝キリストをとおして実現なさるということをヨハネは示していただき、自分も聴衆と読者にそれを伝えたいのです。

すなわち、ここ第二部の導入で著者は、教会がまじめに自分の歴史を解釈することができるようになるため、また、軽薄で短絡的な結論を避け、しかも不可知論に陥ることもないように、まずしっかりと、神、キリスト＝小羊、神の手にある七つの封印の施された巻物という三つの基準となるパラメーターをよく理解するように招きます。この三つは、多種多様な出来事のなかでなりたつ歴史を読むためのパラメーターでなければなりません。

◆玉座に座っている方　4章2b～11節

2b すると、見よ、天に玉座が設けられていて、その玉座の上に座っている方がおられた。
3 その方は、碧玉《へきぎょく》や赤めのうのようであり、玉座の周りにはエメラルドのような虹が輝いてい
た。4 また、玉座の周りに二十四の座があって、それらの座の上には白い衣を着て、頭に金の
冠をかぶった二十四人の長老が座っていた。5 玉座からは、稲妻、さまざまな音、雷が起こっ
た。また、玉座の前には、七つのともしびが燃えていた。これは神の七つの霊である。6 また、
玉座の前は、水晶に似たガラスの海のようであった。
この玉座の中央とその周りに四つの生き物がいたが、前にも後ろにも一面に目があった。7
第一の生き物は獅子《しし》のようであり、第二の生き物は若い雄牛のようで、第三の生き物は人間の
ような顔をもち、第四の生き物は空を飛ぶ鷲《わし》のようであった。8 この四つの生き物には、それ
ぞれ六つの翼があり、その周りにも内側にも、一面に目があった。彼らは、昼も夜もたえまな

くいい続けた。
「聖なるかな、聖なるかな、聖なるかな、
全能者である神、主、
かつておられ、今おられ、やがてこられる方。」
9 玉座に座っておられ、世々限りなく生きておられる方に、これらの生き物が、栄光と誉れを
たたえて感謝をささげると、10 二十四人の長老は、玉座に着いておられる方の前にひれ伏して、
世々限りなく生きておられる方を礼拝し、自分たちの冠を玉座の前に投げ出していった。
11 「主よ、わたしたちの神よ、
あなたこそ、栄光と誉れと力とを受けるにふさわしい方。
あなたは万物を造られ、
み心によって万物は存在し、また創造されたからです。」

玉座に座っている方

4章全体は玉座に座っている方というテーマを中心に天上で行われる典礼祭儀の形にまとめられています。

三つの基準点の第一は宇宙の「玉座に座っている方」です。神を表現するこのイメージは旧約聖書の世界ではなじみ深いもので（詩103・19、イザヤ6・1、エゼキエル1・26～27参照）、天の門に入るや否や、この方がヨハネの目に留まりました。神だととっさに感じとったヨハネは、

神だと説明する必要さえ感じていません。神名としての「玉座に座っている方」という呼称は黙示録に固有のもので、著者は十二回も使っています。

玉座に座るという姿勢は支配権を表しています。したがって、神と歴史との間にダイナミックなかかわりがあること、神が歴史を支配しておられることを雄弁に語っています。このあたりの黙示録の描写は、エゼキエル書の強い影響を受けていることは歴然としているのですが、それにもかかわらず、ヨハネはエゼキエル書とは違い、玉座とその周辺については語りますが、玉座に座っている方についてはほとんど何も語りません。神をイメージとして思い描く材料を提供してくれません。それは、神があくまで人間のあらゆる表現力を超える方だという事実を暗示しているだけでなく、神はキリストをとおしてご自身を啓示されることを望まれたのだという、ヨハネの確信にもとづくのではないかと思われます。けれども、自分の体験した神のすばらしさを何とか分かち合い、教会や読者が少しでもそれを感じることができるように「その方は碧玉や赤めのうのようであり」（4・3a）と述べています。宝石の輝きは人に美を味わわせ、喜びを与えるので、こういうシンボルが使われています。旧約の預言者たちも、たびたび宝石の輝きで神の魅力を表現しました。神の超絶性は表現できませんが感じることはできます。

「玉座の周りにはエメラルドのような虹が輝いていた」（4・3b）とありますが、これは単にエゼキエル書の影響だけでなく、たぶん創世記（9・12〜17）に記されているノアの洪水の後の出来事を意識して語っていると思われます。ノアとの契約の場合、被造界をその罪ゆえに大洪水をもって裁いた神が、全被造物と交わしてくださった契約です。創世記には「わたしは、あなたたちと、そして後に続く子孫と、契約を立てる。あなたたちとともにいるすべての生き物、またあなたたちとともにいる鳥や家畜や地のすべての獣……と契約を立てる」（9・9〜10）とあり、全被造界に及ぶ契約の普遍性が強調されています。あのとき神はその契約のしるしとして雲のなかに虹を現してくださいました。最終的には決定的救いの完成の喜ばしい知らせで終わるとはいえ、終末に向けての厳しい試練や災い、悪に対する容赦ない裁きを告げるまえに、この虹が玉座の前にかかっているのは、希望のしるしだということができましょう。虹は創世記で予告され、終末の完成のときまで次第に発展し完成に至る神と全被造界との契約を象徴しているのです。神は着実に、効果ある方法で人とかかわっていかれます。ご自分と契約で結ばれている人間に対し、歴史の出来事をつうじて、神秘的かつ現実的な仕方でみ声を聞かせてくださいます。そのみ声は「稲妻と雷のとどろき」という旧約からとられたイメージ（詩29・3）で表現されています。

それから玉座に座っている方をとりまくむずかしいシンボルが続きます。

◆玉座に座っている方をとりまくおもなシンボル

二十四人の長老

人間とのいきいきとしたかかわりに、神はご自分ばかりでなく、いわゆる天の宮廷に属するものをみな組み入れてゆかれます。まず寓意的な人物、二十四人の長老が登場します。「玉座の周りに二十四の座があって」の場合の座も、ギリシア語では「玉座におられる方」の場合と同じスロノス（座席、王座、玉座）という単語の複数が使われています。神の支配に、身分にふさわしい形で参与させていただいていることがほのめかされているといえましょう。彼らはすでに救いを得（白い衣）、報い（冠）を受けた状態にあり、神や教会と活発な協力関係にあります（4・10参照）。彼らがだれをさしているのかははっきりしません。種々のシンボルからなっているもので、聞き手はそのシンボルに具体的な内容を盛ることができ、またそうしなければならないのです。旧約時代から始まり新約時代の諸聖人たち、つまり、神の民の土台イスラエルの十二部族と、イエスの十二使徒や地域教会に特に近く感じられる聖人をここに見ることができます。

水晶に似たガラスの海

「玉座の前は、水晶に似たガラスの海のようであった」とありますが、海は中東一般でもそうですが、聖書の世界ではたびたび神に敵対する力を象徴し、悪魔の領域とか深淵につうじるものです。したがって、終末には消え去る（21・1参照）はずのものです。かつてイスラエルの民がエジプトを脱出したとき、葦の海を徒歩で渡らせてくださった神は、決定的救いの暁にはいっさいの敵対する力、悪を中和させてくださることが、このような表現で象徴されています。

四つの生き物

生き物（ゾーオン、生きるという動詞の分詞形）といわれているのであり、獣（セーリオン）ではないことを意識しておきましょう。黙示録では獣は野獣をさす場合を除き、神に敵対する諸勢力のシンボルです。

ここで語られている生き物は、神の救いのわざに深くかかわるものとして登場しますが、旧約聖書、特にエゼキエル書1章5節と18節からとりあげられた非常に複雑なシンボルをもとに、イザヤ書（6・2）のセラフィムの翼をもとり入れ、さらに著者の創意が加えられたものです。彼らの前にも後ろにも一面に目があり、また六つの翼の内側も外側も目で満たされているとありますが、目は黙示録では霊の多様な働きの象徴です（5・6参照）。彼らは昼夜を分かたず神を賛美して歌っています。

四つの生き物は神の超絶界から人間のほうに向けて働く行動と同時に、人間の世界から超絶界に帰っていく人間のポジティブな反応をも表しています。四つの生き物のうちに神の霊が繰り広げられるわざの具現を見るならば、このシンボルの正しい解釈から遠くはないだろうとヴァンニは述べています（“*Apocalisse*” 80～81ページ）。

9節～11節では、四つの生き物が神の栄光と誉れをたたえて感謝をささげると、二十四人の長老はこれを受けて、神を礼拝しながら、自分たちの冠を玉座の前に投げ出すとあります。このしぐさは、当時敗北した王、あるいは隷属を認める王たちがローマ皇帝の前でその主権を認めるしるしに行ったようです。ここでは神の絶対的主権を心から認め受け入れる行為と見ることができます。

◆七つの封印を施された巻物と小羊　5章1〜14節

巻物（5・1〜5）

[1]またわたしは、玉座に座っておられる方の右の手に巻物があるのを見た。表にも裏にも字
が書いてあり、七つの封印で封じられていた。[2]また、一人の力強い天使が、「封印を解いて、
この巻物を開くのにふさわしい者はだれか」と大声で告げるのを見た。[3]しかし、天にも地に
も地の下にも、この巻物を開くことのできる者、見ることのできる者は、だれもいなかった。
[4]この巻物を開くにも、見るにも、ふさわしい者がだれも見あたらなかったので、わたしは激
しく泣いていた。[5]すると、長老の一人がわたしにいった。「泣くな。見よ。ユダ族から出た獅
子、ダビデのひこばえが勝利を得たので、七つの封印を開いて、その巻物を開くことができる。」

5章は七つの封印で閉じられている巻物の荘厳な紹介で始まります。玉座に座っている方の右の手にあるこの巻物には、表にも裏にも、神の創意に満ちた救いの計画が記されていますが、天にも地にもこれを開くことのできる被造物が見つかりません。神が歴史、特に終末の歴史の計画をあらかじめ立て、それを天上の巻物に記すということは旧約聖書（エゼキエル2・9〜

10）やユダヤ教文学にも見られます。この巻物こそ第二のパラメーターです。いったい何を象徴しているのでしょう。何が書かれているのでしょうか。巻物には終末に向けての歴史のなかで今後起こるべきこと、歴史の上にある神のご計画が書かれています。人間に自由がないというのではありません。時空のなかには、すべてを支配する神の支配を逃れ得るものはあり得ないという意味です。そして被造物は本来だれも、けっしてこの巻物の内容を理解することができません。イザヤ書にもあるように（55・9参照）、神のお考えは天が地よりも高いように、人間の考えをはるかに超えるものであり、神の言葉そのものは本来人間の理解の及ばないことです。神のご計画を貫く論理は人間の理解をはるかに超えるものだからです。

「この巻物を開くのにふさわしい者はだれか」は修辞的問いかけで、進み出るようにとの招きです。わたしたちの生にかかわるこれほど大切な巻物を開くことができる者がだれも見あたらないのを見て、ヨハネは慟哭《どうこく》します。ヨハネに耳を傾ける教会もがくぜんとします。ところがこの行き詰まりを打破し、絶望をいやす手立てがあることが明らかにされます。長老の一人がヨハネにいいました。「泣くな。見よ。ユダ族から出た獅子、ダビデのひこばえが勝利を得たので、七つの封印を開いて、その巻物を開くことができる」（5・5）。

ユダ族から出た獅子とは、創世記の「ユダは獅子の子」（49・9）にもとづくものです。臨終を迎えた太祖ヤコブは、十二人の息子たちそれぞれに祝福を与えましたが、ユダに向かって次のように語りました。

ユダよ、あなたは兄弟たちにたたえられる。
あなたの手は敵の首を押さえ
父の子たちはあなたを伏し拝む。
ユダは獅子の子。
わたしの子よ、あなたは獲物をとって上ってくる。
彼は雄獅子のようにうずくまり
雌獅子のように身を伏せる。
だれがこれを起こすことができようか。（創世49・8〜9）

ユダがイスラエルの十二族を支配する者となり、敵に勝利を博することが約束されています。後に、メシアがその子孫から出ることを約束されるダビデはユダの家系に属し、マタイ福音書によれば、イエスの養父ヨセフはこのダビデの子孫です。

百獣の王獅子は、イスラエルでは創世記以来紀元一世紀に至るまで、メシアについて用いられ、黙示録とほぼ同時代の第四エズラ書も「獅子は……メシアである」（12・31〜32）と記しています。

ダビデのひこばえという表現はイザヤ書11章1節と10節によります。平和の王について語る文脈のなかで、「エッサイの株から一つの芽が萌えいで、その根から一つの若枝（ギリシア語訳ではひこばえと同じ単語）が育ち、その上に主の霊がとどまる」（11・1〜2）と約束されています。そして王権がユダを離れず、神の定めのときにエッサイすなわちダビデの父の子孫は民の指導者となり、国々が彼になびいて集まってくることが歌われています。以上で明らかなとおり、ユダ族から出た獅子、ダビデのひこばえとはメシア（キリスト＝小羊）をさしています。

小羊（5・6）

6 わたしはまた、玉座と四つの生き物の間、長老たちの間に、ほふられたような小羊が立っているのを見た。小羊には七つの角と七つの目があった。この七つの目は、全地に遣わされている神の七つの霊である。

第三のパラメーター、小羊（アルニオン）が紹介されます。著者はいろいろなシンボルの積み重ねの形でそれを提供してくれるので、そのシンボルが表現する内容の豊かさをゆっくり静かに味わいながら解いていかなければなりません。シンボルを全部集めてイメージを描こうとしては理解の妨げになるだけですから、シンボルは一つずつ解き、分かった内容だけを保ってシンボルのもつイメージをわきにおいていく必要があります。

「玉座と四つの生き物の間、長老たちの間」これは場所ではなく、小羊が神のすべての企画のなかで中心的地位を占めていることを示しています。

まずほふられたような小羊について考えてみましょう。わたしたち現代のキリスト者にとって、キリストの十字架上での死という出来事には、いけにえとしての奉献の死という意味が含まれることは当然のこととして受け止められています。しかし、原始キリスト教会にとって、そのような理解に達するまでには神学的な歩みがありました。いけにえ用の雄牛や小羊などの動物は神殿の敷地内で、儀式にそってほふられましたが、ほふられた動物は必ず血を注ぎ出してから犠牲にささげました。イエスの十字架上の場合は刑死であって、神殿の外だけでなく都の外での出来事でした。荘厳な儀式を伴わなかったばかりか、血を注ぎ出すということもありませんでしたので、当初はとうていこれをいけにえとしての死とは理解できず、のろわれた死に方と思われたのです。けれども、イエスが本当に復活されたという信仰体験を得た後、弟子たちは旧約聖書をイエスの光のうちに読み返すなかで、次第にエジプト脱出のときの過ぎ越しの小羊（18ページ参照）やイザヤ書53章のほふり場に引かれていく小羊のように柔和に、わたしたちの罪を背負い、神の愛を具現するため、みずからを償いのいけにえとしてささげ、神に受け入れられてとりなしの役目を果たす、誠実な神のしもべの姿が浮かび上がり、イエスを神の小羊と呼ぶようになります。前述のとおり、ほふられた小羊というシンボルは、このような経緯を経て初めて可能になったシンボルです。ほふられた小羊が立っているということはあり得ない姿ですが、著者は第四福音史家と同様、復活したキリストを表現するシンボルとして立つという姿勢を用いています。「ほふられたような小羊が立っている」という表現には、死から復活したキリストがすべてのエネルギーと救いの力をわたしたちの歴史に適用してくださる姿の象徴を見ることができます。

「七つの角」七つは全体という概念と完全という概念を示し、角はメシアとしての権能を示すもので、七つの角はメシアとしての権能を完全にもっていることを意味します。

「七つの目」については、これが「全地に遣わされている神の七つの霊である」（5・6）という解説がつけられています。小羊＝キリストが具体的にメシアの権能を発揮なさるのは、聖霊のさまざまな力を全地に派遣することによってです。七つの目は著者の説明によればキリストがもっておられ、地上に注がれる霊のたまものの総体（七つ）を意味します。

忍耐のいる解読の作業のすえに、ヨハネの聴衆もわたしたち読者も、黙示録第二部に固有のキリスト像が見えるようになりました。民を死から命に導くために過ぎ越しの羊のように十字架の上でいけにえとなり、あるいはイザヤ書に描かれている主のしもべのように無垢《むく》でありながら、わたしたちの罪を背負い、神の栄光を輝かすために辱めと死を忍び、復活させられた方。栄光のうちにありながら受難のしるしをもっており（立っている姿勢〔ヨハネ20章参照〕）その死と復活の効果を適用する力を一身に帯び、メシアの全権能をもち、神の霊に満たされて、それを地上に注ごうと望んでおられる方です。黙示録5章以下に二十八回も登場する小羊という表現に出会うたびに、わたしたちは以上のキリスト像を思い描く必要があります。

天上で始まり全被造界に及ぶ巻物授与の祭儀（5・7～14）

7小羊は進み出て、玉座に座っておられる方の右の手から、巻物を受けとった。8巻物を受
けとったとき、四つの生き物と二十四人の長老は、おのおの、竪琴と、香のいっぱい入った金
の鉢とを手にもって、小羊の前にひれ伏した。この香は聖なる者たちの祈りである。9そして、
彼らは新しい歌をうたった。
「あなたは、巻物を受けとり、
その封印を開くのにふさわしい方です。
あなたは、ほふられて、
あらゆる種族と言葉の違う民、
あらゆる民族と国民のなかから、
ご自分の血で、神のために人々をあがなわれ、
10彼らをわたしたちの神に仕える王、また、祭司となさったからです。
彼らは地上を統治します。」
11また、わたしは見た。そして、玉座と生き物と長老たちとの周りに、多くの天使の声を聞
いた。その数は万の数万倍、千の数千倍であった。12天使たちは大声でこういった。
「ほふられた小羊は、
力、富、知恵、威力、

誉れ、栄光、そして賛美を受けるにふさわしい方です。」
13 また、わたしは、天と地と地の下と海にいるすべての被造物、そして、そこにいるあらゆるものがこういうのを聞いた。
「玉座に座っておられる方と小羊とに、
賛美、誉れ、栄光、そして権力が、
世々限りなくありますように。」
14 四つの生き物は「アーメン」といい、長老たちはひれ伏して礼拝した。

小羊＝キリストの紹介が終わるとすぐ、小羊は行動を開始します。典礼のしぐさを思わせるような荘厳な所作で小羊は玉座に近づき、七つの封印で封じられた巻物を受けとられます。どんな被造物も読み解くことのできない、神が歴史の上に立てておられるプランが、いまやキリストのみ手に渡されました。彼がこれから順々に封印を解き、内容をわたしたちに啓示し、その実現に情熱を傾けられるでしょう。人々と物事、喜びと苦しみ、政治的社会的事件などを含むいっさいについての神のご計画は、ただキリストの光にあてての み悟ることができるのです。

教会集会は第二部全体をとおしてそのことを経験します。しかしキリストによって解読の可能性ができた今、まだ読み始めない先から、一同の間に泉のような喜びがほとばしり、四つの生き物、二十四人の長老（5・8～10）、無数の天使（5・11～12）、全被造物（5・13～14）へと波紋は広がり、キリストに向かって賛美と感謝をささげます。これは黙示録のなかでいちばん荘厳な栄光の賛歌です。一同はすべてを彼に期待し、けっして幻滅を味わうことがないという確信を得ます。

必ず起こることを理解するために天に招かれたヨハネに代表される教会集会は、次第に神とその企画やキリストに触れ、それらを改めて再発見します。この三つはすでに今、教会がかかわっている毎日の生活の出来事を照らす基準です。どのようなことに直面するときも、その底にある宗教的な意味をくむためには、神感覚を研ぎ澄まし、生じるいっさいのことは巻物に記されており、神のご計画のうちにあることを、改めて心に銘記する必要を自覚します。特に教会集会はキリストの光に照らされ、その力で練り直していただきながら、危険を賭してもキリストの霊の導きに身をゆだねるという冒険に踏み切る必要を覚えます。そうするときにのみ、自他の存在の意味、直面する物事の意味を理解することができるでしょう。

そしてまた、自分の具体的な態度がどんなものでなければならないかをも悟ることができるでしょう。以上のことをいっそうよく理解するのを助けるために、これに続くページで著者は神学的理解を助ける図式やパラダイムを提供してくれます。それはともかく、教会集会は全被造物とともに賛美と感謝、信仰と愛の叫びをあげずにはいられないでしょう。

第二段　七つの封印の部　歴史の意味が少しずつ啓示される　6章〜7章

初めに

◆七つの封印の部と、それに続く一連の七つの出来事との関連

いよいよ黙示録第二部の本論が始まります。先に進むまえに第二部の七つの封印の部と七つのラッパ吹奏以下の部分との関連についてごく簡単に触れておきましょう。最初の四つの封印の開封によって、歴史のなかには善悪が共存すること、また一見悪が猛威を振るっているように見えても、悪の勝利は決定的なものではなく、すでに復活のキリストの力がこの歴史のなかでも始動していることが述べられます。第五、第六の封印の開封では、未来にかかわる展望が開かれ、第七の封印の開封により、聖徒らの祈りとその結果とも関連して、相次ぐ七つのラッパの吹奏が始まります。最後の第七のラッパの吹奏は、続く七つの鉢の中身が地上に注がれる

ことの契機となるわけですから、第七の封印の開封は七つの封印の部分（6・1〜7・17）と七つのラッパの吹奏（8・1〜11・14）とのかすがいの役目を果たすだけでなく、それ以降22章5節までに展開されるすべてのことの口火を切る結果になっていきます。

◆神学的な輪郭

七つの封印が順次開かれていくさまを語りながら、歴史の解釈に必要な基本的宗教的要素が互いの関連なく示されています。キリストの力とそれに敵対する力が共存する歴史の実状、聖人の祈りの影響、賞罰を伴う神の決定的な介入、そのまえぶれのような終末の先どりなどが、この部分の神学的テーマとなっています。後にこれらの要素はふたたびとりあげられて互いに関係づけられていきます。別の言葉でいえば、この部分では封印が一つずつ解かれていくたびに、救いの歴史の特徴的な期間が、相互にかかわりなく示されていきます。それぞれの時期は神学的に理解可能な公式を示しています。ヨハネに耳を傾けている教会は、この公式を解きながら、自分たちの生きている具体的な歴史にそれをあてはめていかなければなりません。

最初の四つの封印の開封　6章1〜8節

1 また、わたしが見ていると、小羊が七つの封印の一つを開いた。すると、四つの生き物の

一つが、雷のような声で「出てこい」というのを、わたしは聞いた。[2]そして見ていると、見
よ、白い馬が現れ、乗っている者は、弓をもっていた。彼は冠を与えられ、勝利のうえにさら
に勝利を得ようと出ていった。
[3]小羊が第二の封印を開いたとき、第二の生き物が「出てこい」というのを、わたしは聞い
た。[4]すると、火のように赤い別の馬が現れた。その馬に乗っている者には、地上から平和を
奪いとって、殺し合いをさせる力が与えられた。また、この者には大きな剣が与えられた。
[5]小羊が第三の封印を開いたとき、第三の生き物が「出てこい」というのを、わたしは聞い
た。そして見ていると、見よ、黒い馬が現れ、乗っている者は、手に秤をもっていた。[6]わた
しは、四つの生き物の間から出る声のようなものが、こういうのを聞いた。「小麦は一コイニク
スで一デナリオン。大麦は三コイニクスで一デナリオン。オリーブ油とぶどう酒とを損なうな。」
[7]小羊が第四の封印を開いたとき、「出てこい」という第四の生き物の声を、わたしは聞い
た。[8]そして見ていると、見よ、もえぎ色の（新共同訳　青白い）馬が現れ、乗っている者の
名は「死」といい、これに陰府が従っていた。彼らには、地上の四分の一を支配し、剣ときき
んと死をもって、さらに地上の野獣で人を滅ぼす権威が与えられた。

◆文学的構造（U.Vanni “*L'Apocalisse*” 199～200ページ参照）

「小羊が七つの封印の一つを開いた」（6・1）と、すでに導入部で紹介された封印（5・2、5、9参照）について語り始めます。「封印」はこの部分を特徴づけている言葉です。5章では

七つの封印という形で一まとめに紹介されていた封印が、今一つずつ開かれていきますが、その様子を「小羊が○○の封印を開いた」（6・1、3、5、7、9、12と8・1）という決まり文句で描写し、これがこの部分の文学上の基礎的な構造をなしています。この句は次の七つのラッパの部（8・1～11・14）の冒頭にも繰り返され、結局第二部の導入（4～5章）と七つの封印の開封（6・1～7・17）の部とをつないでいるだけでなく、七つの封印の部と七つのラッパの部とをつなぐかすがいの役目も果たしています。

最初の四つのラッパの吹奏によって引き起こされる幻は、一定のパターンに従って語られています。まず四つのラッパが吹き鳴らされるたびに、四つの生き物の一つが「出てこい」と呼びかけ、その呼びかけに応じて騎馬の人が登場します。馬はそれぞれ白、赤、黒、もえぎ色など象徴的な色をしています。騎馬の人物が一様に天上界から呼ばれて登場するという事実に、この出来事もまた神の支配のなかで起きているとの暗示を読みとることができます。白馬の騎手には冠が、黒馬の騎手には剣が「与えられていた」と受動形で語られていますが、この受動形は与えるという行為の主体が神であることを示すものです。冠が象徴する権威とか剣が象徴している力が、本人に生来備わったものではなく、神の支配のもとにその役割を果たすのだということをほのめかす表現法です。同様に第二、第四の馬上の人について「権威が与えられていた」といわれているのも、彼らの権威が本人に生来備わっているものではなく、神に背いて行動するこれらの者たちの行為の上にさえ神の支配が及んでいることを象徴しています。

◆第一の封印の開封　6章1〜2節

最初の象徴的な要素は、小羊キリストによる封印の開封です。5章7節で小羊が玉座に座っておられる方の右の手から受けとった、表にも裏にもびっしり文字が書かれているのにだれも読むことのできなかったあの巻物の開封です。この巻物の開封が人間にとって非常に重大なことであるという事実は、すでに5章9〜14節の栄唱で明らかにされていました。巻物の封印を解くということは、特に小羊にゆだねられた使命であり、啓示にかかわることです。

ここでまず、翻訳の問題に触れておく必要があります。2節はギリシア語を逐語訳すれば「そしてわたしは見た。すると見よ」と始まります。同じことが5節と8節についてもいえます。佐竹氏の訳は右のとおりですが、新共同訳と日本聖書協会口語訳では「そして見ていると、見よ」、フランシスコ会訳は「見ると」となっています。原文ではカイ　エイドン、カイ　イドゥとあり、これは一部の学者の意見ではヘブライ的いい回しであり「わたしは幻を見た」ということを意味し、フランシスコ会訳はその意見に従ったものと思われます。けれども、ヴァンニを含むある学者たちはギリシア語を文字どおりに解し、エイドンはヨハネが見たのであり、イドゥはヨハネが教会共同体に見るように誘っていると解します。実際、エイドンは直接法過去（アオリスト）の一人称単数形で、「わたしは見た」を意味し、イドゥは二人称単数命令形、「見なさい」を意味します。黙示録の著者には読者を巻き込もうという強い願望があるので、ここでもヨハネは自分が見たことを、教会、ひいてはわたしたち読者にも見せようとしていると解したいと思います。

人類と人類史の実状に目を向ければ、そこに働いている建設的な力と破壊的な力に気づきます。第一の封印が開かれたとき、四つの生き物のうちの一つの声に応えて躍り出てきた白馬の騎手が象徴するキリストのメシア的な力こそが、建設的な力です。白い馬に乗った騎手によって象徴される者がだれであるかについては、学者たちの間に意見の一致はありません。ここだけを読むといろいろな解釈が可能ですが、作者は19章でもう一度白馬の騎手を登場させています（19・11）。その騎手と比較しながら読んでみると、この騎手はキリストの象徴であると解釈することができます。

それでは、どうしてこの白馬の騎手にキリストを見ることができるのでしょうか。19章11節に登場する人物がキリストであることは文脈から明白です。まずテキストを見てみましょう。「そして、わたしは天が開かれているのを見た。すると、見よ、白い馬が現れた。それに乗っている方は、『誠実』および『真実』と呼ばれて、正義をもって裁き、また戦われる。」（19・11）まずここに記されている正義と真実は、七つの教会にあてた手紙のなかで、キリストの二つの称号として、用いられていました（3・7、14参照）。「正義をもって裁く」は、詩編96で終末の主の訪れを歌う場面に用いられている表現です。そればかりでなく、続く19章13〜16節では、復活したキリストとの出会いの再体験の場面や七つの教会への手紙のなかでキリストについて用いられていたさまざまなタイトルが、この白馬の騎手に用いられています。そして極めつきにはその名は「神の言葉」（13）とも「王の王、主の主」（16）とも呼ばれています。したがって、19章の白馬の人がキリストであることは間違いありません。

これをわたしたちのテキストと比較してみましょう。騎手はいずれの場合にも白い馬に乗っています。白は神の領域を象徴する色であり復活を表す色なので、6章2節の場合も白馬の騎手は神の領域（白）に属し、勝利者という永遠のタイトルを有し、やがては歴史の総決算のときに勝利を決定的なものとする方と理解することができます。ヴァンニは19章を参照するなら、6章の白馬の騎手も同じくキリストと理解できる、と主張しています。この説のいちばんの難点は、この白馬の騎手は小羊（＝キリスト）が第一の封印を開いたときに登場するということですが、その場面の白馬のキリストはむしろ悪を滅ぼすキリストのエネルギーのほうを強調しているものと思われます。（U.Vanni *“Apocalisse”* 39～40ページ参照）

わたしはこの説をとって話を進めていくつもりですが、佐竹明氏はこの解釈は「全く不可能とはいえないまでも難点が多い」と述べ、次の説を主張しています。

「この第一の騎手に関する叙述のなかで最も基本的な部分は、『勝利しながら、勝利するために出て行った』という発言であろう……それでは、第一の騎手を忠実な信徒の群れと見ることは不可能であろうか。信徒たちの勝利とは、彼らが終極史的艱難のなかにあって、最後まで信仰を忠実に守ることによって実現する。彼らのなかには数少ないとはいえ、そのような意味での勝利をすでに味わっている者がいるし（2・13、6・9〜11）その数が今後みちることを著者は期待している（6・11）。その意味で、信徒の群れは総体としてまさに『勝利しながら、勝利するために出て行』きつつある群れといえる。」（『ヨハネの黙示録　上』434〜435ページ）

これもなかなか魅力的な解釈だと思いますが、19章のことがあるので、著者は6章の白馬の騎手にキリストを見ているのではないかと、わたしは思います。そしてキリストであると考えるとき、キリストに結ばれた者たちは当然歴史のなかで働くキリストに含まれているともいえましょう。そう考えるとわたしたちは、自分の内外の悪と戦いながらキリストの戦いに参加する務めをいっそう切実に感じることができます。

黙示録が世に出た一世紀末前後に、ローマ属州アジアでキリストの道を歩んでいた人々にとって、皇帝崇拝を強いる国家権力、迫ってくる迫害の危険、いかがわしい魔術、公然とまかりとおる社会不正など、悪の力がみなぎっていると思えるようなことが多々あったのですが、そしてそれは今のわたしたち日本の社会でも同じでしょうが、歴史のなかには、否定的なしるしのかたわらにキリストの建設的なエネルギーのしるしも見られます。白い馬に乗った騎手によって象徴されているキリストのメシアとしての力がそれです。キリストはまずそこに注目するようにヨハネを誘い、ヨハネはそのエネルギーに触れ、わたしたちにもそれを意識するように促しているのです。

◆**第二の封印の開封　6章3〜4節**

教会はあたりを見回し、自分が今生きている世界を考え、一連のネガティブな要素に目を留めます。教会のなかにも暴力が、さまざまな姿でまかりとおっています。それとあからさまにわかるものもあれば、とても巧妙なものもあります。人々は殺し合い、憎み合う傾きをもっています。第二の火のように赤い馬と、地上から平和をとりさる力が与えられている騎手とはそのようなことを象徴しています。赤は流血、暴力の象徴であり、馬はすでに見た動物のシンボルの部類に属しますから、人間の支配を上回るとはいえ、神の権威の下にある力を表すシンボルの一つです。ここで馬は暴力が歴史のなかを勢いよく疾駆《しっく》するさまも象徴しています。

◆**第三の封印の開封　6章5〜6節**（U.Vanni "*L'Apocalisse*" 204〜209ページ参照）

第三の生き物とは4章7節で「人間のような顔をもつ」と説明されていた生き物です。たぶん、ここにこの生き物を登場させることにより、著者は第三の生き物が特に人間の世界と関係が深いことをいいたかったのかもしれません。

騎手は秤《はかり》をもっています。ギリシア語のズーゴスは詳しくは秤全体よりも、そのいちばん大切な天秤の部分をさします。天秤の位置によって錘《おもり》と測られる物との平衡が保たれるわけです。ですから旧約では正義と不正義を識別するものとして重要な役割をもっていました（エゼキエル45・10）。天秤は、正義を測るシンボルとして使われています（レビ19・36、箴言11・1、アモス8・5参照)。馬に黒というネガティブな色が与えられていることからも、この場合秤はネガティブな役割をもつことが想像できます。「手にもつ」という表現は、聖書ではいつも支配的に所有する意味合いをもちます。

ネガティブなことは暴力だけに限りません。人々は互いにとり決めた法も守ろうとせず、互いに義務と権利を踏みにじっています。あらゆる権利の乱用が見られます。暴力のかたわらには不正がはびこっています。小麦、大麦という生活の必需品、つまり貧しい人にも不可欠な主食の価格が暴騰する一方で、ぶどう酒などのぜいたく品の価格が据え置きにされるということは、不平等や社会不正が横行しているさまを象徴しています。ちなみに一デナリオンとは当時の労働者の一日の賃金に相当し、一コイニクスは一・一リットルにあたり、当時一日に兵士各自に配給された食料に相当するものだそうです。また一デナリオンあれば小麦なら十二リットル、大麦なら二十四リットル買えたというのですから、この値段がどれほど不当かがよくわかります。

◆第四の封印の開封　6章7〜8節

人間同士が互いにもたらす悪に加えて、人が耐えなければならない外からの圧力もあります。死、飢え、病気などがその部類に入ります。こういう種類の、人の力を超えるネガティブなことが少なくとも一部の人を襲います。

もえぎ色の馬はよく青白い馬などと訳され、新共同訳もそれに従っていますが、緑、しかも黄色がかった薄緑で、旧約聖書ではたびたびはかなさの象徴です。暁に萌え出て夕には枯れる灼熱の地の草の運命を示す色だからです。もえぎ色の馬とは、はかない希望を表します。一見すばらしい希望に見えても、結局は死の鎌で刈りとられてしまうような、はかなくむなしい希望しかもたないものを象徴しています。

◆最初の四つの封印に関する結論

結論として、この部分はわたしたちが歴史を全体的に円満に理解するのを助ける目的をもっていると考えられます。

① すべての上に神の支配がある

世界にはさまざまな悪が横行し、たびたび教会自身もそれに飲み込まれそうになるという、こういう苦い事実に気づくとき、ただその現象だけに目を留めて終わってはなりません。教会は神の知恵に照らされて、このような現象の奥に秘められている意味を神学的に深めるように招かれます。暴力、不正、死は、それが伴う悪も含めて恐ろしいもので、わたしたちはそれに圧倒されそうに感じます。それらはまるで鎖を解かれたかのように、わたしたちの歴史になだれこんできます。黙示録の著者は騎馬の描写を使ってその様子を雄弁に描いています。当時ローマを震えあがらせたパルティアの騎兵団が著者の念頭にあったかもしれません。この怒り狂うネガティブな力は、宗教的な見地から見て、どんな意味をもっているのでしょうか。この問いこそ、小羊＝キリストと一致した教会が問いかけ、反省し、識別するように招かれていることなのです。黙示録は個々の具体的な疑問には答えません。しかしそれらに答える基準を与えてくれます。

暴力、不正、死……の横行が動物たちの介入によって起こるという事実は、何を表しているのでしょうか。これらのことは彼岸ではなくこの世界で起こっているとはいえ、わたしたちと関係があってもわたしたちのコントロールを超える現実にかかわることを示しています。つまり、わたしたちと直接かかわりがあり、その一部分は理解することができても、その完全で全体的な理解は今のところできないものです。環境破壊やその影響で引き起こされる難病、パレスチナ問題、バルカン問題などを考えるとき、そういうことを痛感します。

こういう限界も教会をうろたえさせることはありません。自分に許されるだけのことを、暴力、不正、死についても理解するよう招かれ励まされ、知恵を尽くし、信仰を傾けて理解に努めます。すると、一般的で指針となるような、いくつかの面が明らかになっていきます。

疾駆するネガティブな力も神の支配のもとにあり、神はそのようなことをとおしても、なおご自分の計画を推し進めていかれます。黙示録の著者はこのことを強調するために赤、黒、もえぎ色のそれぞれの馬にまたがる騎手には「……する権威が与えられた」といっています。それだけではありません。これらの力が歴史の舞台に姿を現すのも、この世を超越する世界との何らかの関係においてであることが暗示されています。馬と騎手はそれぞれ、神の玉座の前にいる四つの生き物の神秘的な声に呼び出されます。そこで教会は、これらの悪がどんなに悲劇的なものであるとしても、その前で絶望してはならないことを悟ります。まるで全能かとさえ見えるこれらの悪のうえに、本当に全能の神がおられ、それらを監督しておられるからです。すでに教会が黙想した（5・6参照）小羊＝キリストがそういって保証してくださいます。

教会が現に生きている歴史的な状況はこうしていちだんとはっきりしてきました。暴力、不正、死の意味を考えるよりも先に、教会はキリストに思いを馳せるよう促され、歴史の具体性のなかに進められていく救いの力を目立たせるように招かれるのです。

② 行動上の結論

教会はこうしてはっきりとした指針を見いだすことができました。自分にこもるような、社会から逃避した生き方ではなく、自分の生きている世界が投げかけてくることに潔く直面することです。ときには苦しい悲劇的な戦いがあるでしょうが、挑戦することが大切です。歴史の現実に直面することにより、現実をその最も深い次元で理解するための歩みを着実に進めることができましょう。神はあらゆるネガティブなことのうえにもおられるので、世界は神のみ手の外にあるのではなく、わたしたちが驚くような仕方で神は悪から善を引き出すことがおできになると、謙虚に、苦しみ抜いて得た勇気をもっていうことができるでしょう。

何にもまして、教会は歴史的出来事がもっているキリストとのさまざまな触れ合いを明らかにすることを学ぶでしょう。キリストが、わたしたちにそれを悟り悪を乗り越えて生きるように教えてくださいます。人間のいろいろなことのうちに、キリストは確かに現存しておられ、内からわたしたちを見守ってくださいます。わたしたちは善悪のはざまに生きていますが、このような世界のなかにあってキリストの復活の力を自分の弱さのなかで輝かせる使命をゆだねられています。キリストの善の意志、愛の意志、復活の力にどの程度参加しているでしょうか。キリストはわたしたちをとおして世に勝つことをお望みなのです。キリストは全世界とわたしたちを導いて、彼のまったき新しさを打ち立てさせてくださいます。いつか「新しい天と新しい地」において、新しいエルサレムの住民となることができるのです。

第五の封印の開封　殉教者たちの祈り　6章9〜11節

歴史のなかで現在衝突を繰り返している否定と肯定の力がまずひとわたり紹介された後、次第に未来の眺望が開かれていきます。最初の四つの封印が解かれるのに伴って生じたキリストの建設的力と、それに対抗する破壊的な力との激しい衝突の後、第五の封印が開かれると、予期に反したまったく種類の違う場面が現れます。殉教者たちが自分たちの殺されたことによって乱された調和を早く回復してくださるように、神に訴えるシーンです。

9 小羊が第五の封印を開いたとき、神の言葉と自分たちがたてたあかしのために殺された人々の魂を、わたしは祭壇の下に見た。10 彼らは大声でこう叫んだ。「真実で聖なる主よ、いつまで裁きを行わず、地に住む者にわたしたちの血の復讐をなさらないのですか。」11 すると、その一人一人に、白い衣が与えられ、また、自分たちと同じように殺されようとしている兄弟であり、仲間のしもべである者たちの数が満ちるまで、なお、しばらく静かに待つようにと告げられた。

「殺された」と訳されている動詞は「ほふられた小羊」（5・6）と同じ「ほふる」という動詞ですから、この人たちは福音のあかしのために命をささげた殉教者たちのことでしょう。教会のごく初期のころから、殉教者の遺体が葬られている場所の上に感謝の祭儀のための祭壇が築かれていたという事実を思い合わせれば、彼らが祭壇の下にいるということからそれが推測できます。今彼らは天にいるわけですから、その苦しみは過ぎ去っています。わたしたちはつい、彼らは幸せと栄光に酔いしれていると想像しがちです。アンジェリコやゴッツォリの描く、天国で天使たちと踊る聖者たちのような姿が思い浮かぶかもしれません。

しかし彼らは叫んでいます。彼らは現在も続いている不義があるのに、自分たちの救いだけを喜んではいられないのです。殉教者たちの喜びは自分が救われたことだけで満たされはしません。救いの歴史はその終極まで推し進められなければならず、悪によって乱された均衡が回復されることが必要です。自分たちが経てきたような暴虐が今も続いている以上、「いつまで」と叫び続けます。この叫びには確かに非常に人間的な響きがあります。復讐してくださらないのですか、と神の復讐を期待しています。自分にはけっして復讐は許されていないこと、神の復讐や裁きは救いへ導くための復讐であることを知っているからです。そのうえ、ここで用いられている復讐する（エクディケオー）には、「復讐する」という意ばかりでなく、「だれかに対して義を獲得する」という意味もあります。したがってわたしたちには焦りとも忍耐の不足とも響くこの叫びのなかに、早くあなたのあなたらしさを表してくださいという、神に向けられたあつい願いが込められています。神は彼らのこの願いに慈愛深く応えてくださいます。この神の対応からも、殉教者たちが自分たちのことを考えていっているのではなく、回復すべき善をおもんぱかっていることが推察できます。

神は殉教者たちのことを心にかけてくださり、一人ひとりに白い衣をくださいます。白は超自然的な善や喜びを表し、衣は習性の象徴です。そうして後に続く殉教者たちの数が全うされるのも時間の問題であること、永遠に比べれば束の間のときの後に、彼らもまたこの群れに加えられるのだから、それまで今しばらく静かに待つようにとのお言葉がくだります。

第五と第六の封印の間の文学的なつながりは薄く、6章11節と7章9、13、14節に現れる「白い衣」という言葉にわずかにそれを認めることができます。

第六の封印の開封　救いの歴史の結論の預言的先どり　6章12節〜7章17節

第六の封印が開かれると、預言的な先どりをもって救いの歴史の結論が示されます。歴史のうわべだけを浅はかに見るならば、神もキリストも悪についてまったく無関心であるかのように見えることが多々あります。しかし事実はけっしてそうではありません。怒りというイメージで著者は悪に対抗する力強い神の力を表現しています。神とキリストの怒りは、悪を徹底的に破壊するほどのものです（6・12〜17）。

◆天変地異によって示される神の怒り　6章12〜17節

12また、見ていると、小羊が第六の封印を開いた。そのとき、大地震が起きて、太陽は毛の
粗い布地のように暗くなり、月は全体が血のようになって、13天の星は地上に落ちた。まるで、
いちじくの青い実が、大風に揺さぶられて振り落とされるようだった。14天は巻物が巻きとら
れるように消え去り、山も島も、みなその場所から移された。15地上の王、高官、千人隊長、
富める者、力ある者、また、奴隷も自由な身分の者もことごとく、洞穴や山の岩間に隠れ、16
山と岩に向かって、「わたしたちの上に覆いかぶさって、玉座に座っておられる方の顔と小羊の
怒りから、わたしたちをかくまってくれ」といった。17神と小羊の怒りの大いなる日がきたか

らである。だれがそれに耐えられるであろうか。

ここに述べられている天変地異は、特別荘厳な神の臨在の象徴です。大自然そのものは自然態においても神の栄光を反映しています。けれどもそこに、ものすごい天変地異が起きるとき、この出来事のなかには神がおられると本能的に感じがちです。このようにして古代の人は地震や津波などの天変地異に遭遇するとき、確かに神の力はこの世の歴史のなかに働いているということを実感したのです。終末の日には黙示録が天変地異をもって描いている神の臨在の特別強烈なしるしが現れるでしょうが、それが現実にどのような形をとるのかは、わたしたちにはわかりません。

神と小羊の怒りの大いなる日（6・17）という表現は預言者アモス（5・18）以来旧約聖書に見られる「主の日」という考えに由来しています。預言者たちの語る主の日とは、どのような日を意味するのでしょうか。神の裁きが行われる日、つまり、神が歴史のなかに特別に介入し、悪を滅ぼし、イスラエルが主に向き直るように刺激するときを意味します。黙示録の著者はこの主の日の「主」を「神と小羊」といいかえているわけです。神とキリストの大いなる怒りの日とは、神の裁きの日、すなわち永久に悪を滅ぼし、決定的に善を打ち立て、終極的な救いを実現する神の介入のとき（終末）をさしています。

神の怒りは不正を徹底的に排除しますが、救いの歴史はそれで終わるのではなく、めざすところは救いの完成です。著者はそれを典礼の祝祭の情景を使って描写します。救われた大群衆は自分たちがくぐり抜けてきた大きな試練さえ忘れたかのように神とキリストの喜びに浸っています（7・9～17）。

◆終末を先どりする十四万四千人　7章1～8節

悪が破壊し尽くされるとき（6・12～17）と救いの完遂（7・9～17）との間にはめ込まれた神秘的なエピソードがあります。一人の天使が群衆のなかから、一定のグループの人にしるしをつけてゆきます。その数は十四万四千人に及びます。この人たちは終末的な救いの状態のいくつかを自分の身に先どりしていて、他の人々に対して刺激とも助けともなる使命をもっています。これは旧約聖書の「イスラエルの残りの人々」に似た立場にある人たちです。

[1]この後、わたしは大地の四隅に四人の天使が立っているのを見た。彼らは、大地の四隅から吹く風をしっかり押さえて、大地にも海にも、どんな木にも吹きつけないようにしていた。
[2]わたしはまた、もう一人の天使が生ける神の刻印をもって、太陽の出る方角から上ってくるのを見た。この天使は、大地と海とを損なうことを許されている四人の天使に、大声で呼びかけて、[3]こういった。「われわれが、神のしもべたちの額に刻印を押してしまうまでは、大地も海も木も損なってはならない。」[4]わたしは、刻印を押された人々の数を聞いた。それは十四万

四千人で、イスラエルの子らの全部族のなかから、刻印を押されていた。
5 ユダ族のなかから一万二千人が刻印を押され、
ルベン族のなかから一万二千人、
ガド族のなかから一万二千人、
6 アシェル族のなかから一万二千人、
ナフタリ族のなかから一万二千人、
マナセ族のなかから一万二千人、
7 シメオン族のなかから一万二千人、
レビ族のなかから一万二千人、
イサカル族のなかから一万二千人、
8 ゼブルン族のなかから一万二千人、
ヨセフ族のなかから一万二千人、
ベニヤミン族のなかから一万二千人が刻印を押された。

旧約聖書やユダヤの黙示文学によると、地の四隅には風をコントロールする天使が配置されているという考えがありました。神の命令によって彼らがそのコントロールを控えると、風が猛威をほしいままに発揮するという考えです。たとえば、エレミヤ書49章36節によると主は四方の風をエラムに向かわせ、その風によってエラムをその国土から追い出す（日本聖書協会の口語訳参照）と記されています。7章1節では、四方の風は終末の神の裁きを実現する道具として働くのですが、救いの先どりを許される一定数の神のしもべの額にしるしがつけられるまで、風はコントロールされているわけです。

額にしるされる刻印については、種々の解釈が可能です。ユダヤの大祭司の胸板に記されていた十二部族の名、ユダヤ人が身につける経札、洗礼のしるしなどなどの解釈があります。しかしエゼキエル書9章4節に預言者が幻のうちに次のような情景を見る場面があります。主が一人の書記に、エルサレムを巡り、そこで行われている迷信を嘆き悲しんでいる人々の額にしるしをつけるように命じられます。その場合にも、このしるしを帯びる人々は裁きを免れます。そのしるしはヘブライ語では「タウ」とあります。そしてタウの古書体はX形あるいは小さな十字形でした。黙示録7章3節や、14章1節の神のしもべにしるされるしるしはこれかもしれません。その場合著者ヨハネは、そこにキリストのイメージを重ねているのでしょう。今から述べられる災害が滅ぼすのは、この神のしるしを帯びていない者だけです。

しるしを受ける者の総数は、十二の自乗の千倍の十四万四千で、各部族のなかから選ばれてしるしをつけられた者は、それぞれ十二の千倍の一万二千人という象徴的な数で表現されています。イスラエルの十二部族の再建は、エゼキエル書47～48章においては終末時に期待されています。パウロはキリスト者たちに向かって「神のイスラエル」と呼び、ヤコブの手紙の著者がローマ帝国に散在するキリスト信徒たちに向かって「離散している十二部族の人たちに」と書いているとおり、初代教会は自分たちを回復されたイスラエルと自覚していました。このようなことを思うとき、この十四万四千人は回復されたイスラエル全員のなかで、すでに始まった終末の苦難のときに救いの先どりのしるしを受ける、限定された人々であると理解できましょう。十二部族の名の筆頭にユダがあげられるのは珍しいことですが、それはユダ族が小羊＝キリストの出身部族だからでしょう。

◆決定的終末の救いの恵みに浴する大群衆　7章9〜17節

[9]この後、わたしが見ていると、見よ、あらゆる国民、種族、民族、言葉の違う民のなかか
ら集まった、だれにも数えきれないほどの大群衆が、白い衣を身に着け、手になつめやしの枝
をもち、玉座の前と小羊の前に立って、[10]大声でこう叫んだ。
「救いは、玉座に座っておられるわたしたちの神と、小羊とのものである。」
[11]また、天使たちはみな、玉座、長老たち、そして四つの生き物を囲んで立っていたが、玉
座の前にひれ伏し、神を礼拝して、[12]こういった。
「アーメン。賛美、栄光、知恵、感謝、
誉れ、力、威力が、
世々限りなくわたしたちの神にありますように、

アーメン。」
13 すると、長老の一人がわたしに問いかけた。「この白い衣を着た者たちは、だれか。また、どこからきたのか。」14 そこで、わたしが、「わたしの主よ、それはあなたのほうがごぞんじです」と答えると、長老はまた、わたしにいった。「彼らは大きな苦難をとおってきた者で、その衣を小羊の血で洗って白くしたのである。
15 それゆえ、彼らは神の玉座の前にいて、
昼も夜もその神殿で神に仕える。
玉座に座っておられる方が、
この者たちの上に幕屋を張る。
16 彼らは、もはや飢えることも渇くこともなく、
太陽も、どのような暑さも、
彼らを襲うことはない。
17 玉座の中央におられる小羊が彼らの牧者となり、
命の水の泉へ導き、
神が彼らの目から涙をことごとくぬぐわれるからである。」

先の十四万四千人という限定数に対し、9節以降ではあらゆる国民……からなる数えきれないほどの大群衆が白い衣をまとい、手に手になつめやしの枝をもって玉座（神）と小羊の前に

立ち、大声で「救いは、玉座に座っておられるわたしたちの神と、小羊とのものである」と宣言します。こういう文学的表現をもって今語られている救いが、そのまえのシーンの救いとは違うことを示しています。1～7節に描かれていた先どりされ限定された救いに対し、ここでは決定的な終末における完全、絶対、普遍的な救いが述べられているのです。10節の「救い」と訳されているソテリアという単語を、著者は他に二回（12・10、19・1）用いていますが、両方とも決定的終末に関する賛歌のなかでのことです。とりわけ、12章の場合には「神の国」と並行に、その類語として用いています。したがってこの用語からも、今語られている救いは終末の決定的救いであることは確実と思われます。賛歌は飢えや渇きとか暑熱などとも無縁な、慰めと平安に満ちた救いの状態を歌っていますが、その救いは「玉座に座っておられるわたしたちの神と、小羊」からであることを明記しています。当時ローマ皇帝たちは彼らが誇るパックス・ロマーナ（ローマによる平和）においてのみ、そのような平安が実現されたと豪語していたのでした。

一同が白い衣をまとっているのはなぜかわかるかと、長老に問われたヨハネが説明を求めると、彼らの衣が純白なのは、彼らが大きな苦難を経てきた者で、その衣を小羊の血で洗って白くしたのだと説明されます。赤い血で洗って白くするとは、わたしたちの常識では考えられないことです。しかし、黙示録は小羊の血に四回触れますが、そのいずれの場合にも、その血には救いの手段としての価値があることを表現しています。したがって「その衣を小羊の血で洗って白くした」という表現を用いることによって、救いは無償の神のわざとはいえ、受けるがわにもなすべきことがある、とほのめかしています。

続けて長老たちは、15節以下の慰め深い言葉を宣言しますが、ここに描かれているのは、キリストのあがないのわざの結果が決定的な形で現れる終末に、救われた民にとって、神が文字どおり「われらとともにおられる神」となり、神を目のあたりにする至福の状態の描写です。

第三段　七つのラッパの部　救いの歴史は進展し始める　8章1節～11章14節

前後の段落との関連について

8章から始まる黙示録第二部の第三段は次々と響き渡っていく七つのラッパの吹奏によって進展していきますが、そのきっかけを作るのが、第七の封印の開封です。最後の封印の開封がきっかけとなって、相次ぐ七つのラッパ吹奏が続きます。そして最後の七つ目のラッパの吹奏は次の七つの鉢の部の導入の役目を果たします。このように第七の封印は次の七つのラッパのくだりを包含し、第七のラッパはそれに続く12章から22章5節までに語られる内容が生起するのを促す役目を果たしているため、第七の封印は結局、黙示録の後半全部を包摂しているのです。

先に、ただ個々別々の独立した要素として見た救いの本質的構成要素は、この段階で展開し始めます。七つの封印の場合と同じように、最初の四つのラッパによって引き起こされることは、ある意味で互いに関連があります。最初の部分での神の介入はようやくそれと気づくことができるばかりの部分的なものですが、第五、第六と進んでいくうちに次第に明らかになっていきます。

第七の封印の開封　8章1～5節

[1]小羊が第七の封印を開いたとき、天は半時間ほど沈黙に包まれた。[2]そして、わたしは七
人の天使が神のみ前に立っているのを見た。彼らには七つのラッパが与えられた。
[3]また、別の天使がきて、手に金の香炉をもって祭壇のそばに立つと、この天使に多くの香
が渡された。すべての聖なる者たちの祈りに添えて、玉座の前にある金の祭壇にささげるため
である。[4]香の煙は、天使の手から、聖なる者たちの祈りとともに神のみ前へ立ち上った。[5]

それから、天使が香炉をとり、それに祭壇の火を満たして地上へ投げつけると、雷、さまざまな音、稲妻、地震が起こった。

8章1節から5節は第七の封印が開かれた直後のことであり、ラッパの吹奏の始まるまえにおかれていることに注目しましょう。「小羊が第七の封印を開いたとき、天は半時間ほど沈黙に包まれた。」このなぞめいた言葉の裏にはゼファニヤ書の「主なる神のみ前に沈黙せよ。主の日は近づいている」(1・7)があると思われます。この沈黙は典礼行為に伴う聖なる沈黙です。ヨハネは神のみ前に立っている七人の天使を見、彼らに七つのラッパが与えられるのを見ます。そこに別の天使が登場し、手に金の香炉をもって祭壇のそばに立つと、この天使に多くの香が渡されるとあります。玉座の前にある金の祭壇はかつてのエルサレムの聖所にあった香壇に似た、香をたくための祭壇です。この香は聖なる者たちの祈りに添えて祭壇に奉献するためのものだと記されていますが、聖なる者たちとは、いわゆる聖人を意味するより、神に聖とされた者、すなわち信徒一般を意味します。先に5章では四つの生き物と二十四人の長老がおのおの香のいっぱい入った金の鉢を手にもっており、その香について、香は聖なる者たちの祈りである、という説明がありました。

今その信徒の祈りに別の香が添えられることによって、祈りが神のみもとに受け入れられるものとなることに注目しましょう。天界で添えられた香に助けられて、信徒の祈りもその香とともに神のみもとに立ち上ります。すると、あたかもその祈りに応えるかのように、天使が香炉に祭壇の火を満たして地上へ投げつけると、雷、さまざまな音、稲妻、地震が起きます。つまり神の顕現のしるしが現れます。すべての聖徒の祈りに、天で注意が払われたことを示していると思われます。神がどれほどの慈しみをもって祈りを受け入れてくださるかが言外に示されています。黙示録には、礼拝のうちにささげられる祈りを神がどれほど重んじてくださるかを教会に悟らせようとの深い配慮があります。地上での祈りは何一つむだになることがありません。祈る者が現実に耐え忍んでいる苦しみから解放されることはなくても、祈りは地上に神の救いの出来事を引き起こすということが示されています。祈りはけっしてむだになることがありません。祈りは天上で完成されて神のみもとまで上り、神からの応え（雷、さまざまな音、稲妻、地震）となって返ってきます。このことは後ほど、16章でもっとはっきりしてきます（224〜225ページ参照）。

聖徒の祈りは終末の到来、すなわち神の最終的で決定的な到来に寄与する恵みに変えられるのです。神の民イスラエルは、今でもカディーシュという祈りを大切にして「み旨に従って創造された世界において、偉大なみ名（神）が賛美され、……速やかにみ国がきますように」と祈っています。そしてイスラエル出身のキリスト者だけでなく、イスラエルに接ぎ木されたわたしたち異邦人出身のキリスト者も最後の（新しい）契約の民はみな、主の教えに従って「み名が尊まれますように、み国がきますように」と祈るのです。

ヨハネに耳を傾ける教会は、8章1～5節の啓示に触れ、神がどれほど真剣に祈りをとりあげてくださるかに感動し、祈る責任を痛切に感じます。

最初の四つのラッパの吹奏とその結果　8章6～12節

6 さて、七つのラッパをもっている七人の天使たちが、ラッパを吹く用意をした。
7 第一の天使がラッパを吹いた。すると、血の混じった雹と火とが生じ、地上に投げ入れられた。地上の三分の一が焼け、木々の三分の一が焼け、すべての青草も焼けてしまった。
8 第二の天使がラッパを吹いた。すると、火で燃えている大きな山のようなものが、海に投げ入れられた。海の三分の一が血に変わり、9 また、被造物で海に住む生き物の三分の一は死に、船という船の三分の一が壊された。
10 第三の天使がラッパを吹いた。すると、たいまつのように燃えている大きな星が、天から落ちてきて、川という川の三分の一と、その水源の上に落ちた。11 この星の名は「苦よもぎ」といい、水の三分の一が苦よもぎのように苦くなって、そのために多くの人が死んだ。
12 第四の天使がラッパを吹いた。すると、太陽の三分の一、月の三分の一、星という星の三分の一が損なわれたので、それぞれ三分の一が暗くなって、昼はその光の三分の一を失い、夜も同じようになった。

ラッパ吹奏の意味する基本的な内容は、神の介入が間近いという告知です。最初の四つのラッパは神の介入は確かにあるということを告げています。七つのラッパ吹奏に伴う災害には、イスラエルの基本的な神体験、モーセに導かれて行ったエジプト脱出のときの十の災いを想起させることが多々あります。第一のラッパ吹奏に伴って起きた災いの場合、「血の混じった雹と火とが生じ、地上に投げ入れられた」(7)とありますが、この雹と火の背景には、出エジプト記9章22節以下の記述があることは間違いないでしょう。そこには、モーセが天に向かって杖をさし伸べると、主がエジプト全土に雹を降らせ、稲妻が大地に向かって走ったことが記されています。わたしたちのテキストの火も雷をさしていて、雷はたびたび、神あるいは神の力の臨在のシンボルです。出エジプト記の先の箇所には血についての言及はありません。けれども、預言者ヨエルは終末のときについて述べながら、神は天と地にしるしを与えられるが、それは、「血と火と煙の柱である」(3・3)と述べています。ここにヒントを得て著者は、第一の天使の吹くラッパと同時に起こる神の介入が、終末的な展望をもつことを暗示するために「血の混じった雹と火」という表現を用いたのではないでしょうか。

第二の天使のラッパ吹奏の場合には、海に下される災害、第三のラッパ吹奏では川と水源に下される災害が述べられています。これは著者が出エジプト記7章22節以下の、ナイルの水が血に変わり飲めなくなったという災いの二つの側面を、それぞれ第二と第三の災害の二つに分けて書いていているものと見られます。実際、第二の災害の場合、水は血になったということが述べられ、第三の災害の場合には「血」というシンボルが用いられず、「苦よもぎ」という名の星が登場し、それが川と水源とに落下することにより、水が苦くて飲めなくなったと記されています。苦よもぎはエジプト脱出のときの災害には登場しませんが、エレミヤは、エルサレムの偽預言者たちに神が下される罰として、苦よもぎと毒の水をあげています（23・15）。第三の災害では罰が初めて人間にまで及んでいます。

第四の天使のラッパ吹奏によってもたらされる災害は天体に向けられたもので、太陽、月、星の三分の一が損なわれ、暗くなることが記されています。この背景としては、出エジプト記に、モーセが手を天に向かって伸べると三日間にわたり暗闇がエジプトを覆った（10・21～23）と語られているのをあげることができます。

著者はいったい何を意図して、このようにエジプト脱出のときに下された災いを想起させるシンボルを駆使し、地上、海、川と水源および天体に及ぶ災害を語っているのでしょうか。次のような回答が考えられます。かつてエジプトで非人間的な過酷な生活を強い、イスラエルを苦しめていた不正を滅ぼすために、力強いみ手をもって介入された神は、今も悪を滅ぼすために介入しておられる。またあのときエジプトに下された災いが破壊をめざすためのものではなく、救いをめざすもの、イスラエルを約束の地（神の命に生きる場のシンボル）に導くためのものであったように、黙示録の読者にとっても同じです。すべての災害の背後にさえ神のみ手があること、それをとおしても救いに導くことのできる力強い神の介入が現在の歴史をも支えていることを想起させ、励ましているのだと思います。

預言者ヨエルが主の言葉として「その日、わたしは……天と地に、しるしを示す。それは、血と火と煙の柱である。主の日、大いなる恐るべき日がくるまえに。太陽は闇に、月は血に変わる。しかし、主のみ名を呼ぶ者はみな、救われる」（3・2〜5a）と述べているように、神の介入は終末的なひとつの展望をもつもので、個々の行為はそれに向けて秩序づけられたものでありましょう。ここに象徴的に描かれたこれらの神の介入は、歴史のなかで具体的名と形態をとることになります。

最初の四つの災いの描写で、災いの及ぶ範囲が、地上、海、川およびその水を飲んで生きている人々、あるいは太陽など、災いの対象のうちの三分の一に限られていることが強調されています。これは何を意味するのでしょうか。この災害がまだ最終決定的なものではなく、過渡的なものであることを示しています。

最後に、以上すべての災害が象徴的言語のみで語られていることの意味を問うてみたいと思います。

著者はここで、現実の歴史の過去、現在、あるいは未来の一時点で実際に起きた、あるいは起きる災害について語る意図をもたないということです。わたしたちに求められているのは、著者がシンボルを駆使して語るメッセージを、神からの知恵に照らされた心で受け入れ、それはわたしにとってどのように救いに導く道となるかを見きわめることです。ですから黙示録の細部をあまりいろいろ詮索することは意味がありません。生身の人間が、今おかれている状況のなかで、神の命に生かされるための道を見きわめて、それを生きることができるように著者はこれらの幻を語っているのです。

三つの災いの告知　8章13節

[13]また、見ていると、一羽の鷲が空高く飛びながら、大声でこういうのが聞こえた。「不幸だ、不幸だ、不幸だ、地上に住む者たち。なお三人の天使が吹こうとしているラッパの響きのゆえに。」

最初の四つのラッパの吹奏が終わった時点で、三重の不幸を宣言する大鷲が登場します。第五、第六のラッパ吹奏とともに始まる三重の不幸を布告するものです。第四のラッパまでの幻に比べ、第五、第六の幻はその構造も複雑ですし、内容も違っています。これまでの幻では人間の生活圏の破壊がテーマでしたが、第五、第六のラッパによって引き起こされる破壊は、直接人間に向けられています。13節はある意味で先の四つのラッパとこれからの三つのラッパの吹奏を区別しています。第一の不幸、災いは、9章1節から12節のいなごの災いです。

第五のラッパの吹奏とその結果　第一の災い
人類の歴史のなかにある悪魔的なもの、いなご　9章1～12節

[1]第五の天使がラッパを吹いた。すると、一つの星が天から地上へ落ちてくるのが見えた。
この星に、底なしの淵につうじる穴を開く鍵が与えられ、[2]それが底なしの淵の穴を開くと、
大きなかまどから出るような煙が穴から立ち上り、太陽も空も穴からの煙のために暗くなった。
[3]そして、煙のなかから、いなごの群れが地上へ出てきた。このいなごには、地に住むさそり
がもっているような力が与えられた。[4]いなごは、地の草やどんな青物も、またどんな木も損
なってはならないが、ただ、額に神の刻印を押されていない人には害を加えてもよい、といい
渡された。[5]殺してはいけないが、五か月の間、苦しめることは許されたのである。いなごが
与える苦痛は、さそりが人を刺したときの苦痛のようであった。[6]この人々は、その期間、死
にたいと思っても死ぬことができず、せつに死を望んでも、死のほうが逃げていく。
[7]さて、いなごの姿は、出陣の用意を整えた馬に似て、頭には金の冠に似たものを着け、顔
は人間の顔のようであった。[8]また、髪は女の髪のようで、歯は獅子の歯のようであった。[9]
また、胸には鉄の胸当てのようなものを着け、その羽の音は、多くの馬に引かれて戦場に急ぐ
戦車の響きのようであった。[10]さらに、さそりのように、尾と針があって、この尾には、五か
月の間、人に害を加える力があった。[11]いなごは、底なしの淵の使いを王としていただいてい

る。その名は、ヘブライ語でアバドンといい、ギリシア語の名はアポリオンという。
12 第一の災いが過ぎ去った。見よ、この後、さらに二つの災いがやってくる。

旧約聖書によれば、いなごの襲来は神の罰を象徴します（出エジプト10・12、アモス7・1～3）。この基本的意味を保ちながら、黙示録の著者はこのシンボルをこと細かに描写しています。ここで作者が伝えたいのは、倫理的な悪の罰が神からくるものであること、そしてそれは悪魔的な力をとおして実現されるということです。悪の力も神の支配のもとにあるので、「いなご」で象徴されるような悪をとおしても、神はみ心を実現していかれるという意味です。このことは天から落ちてくる星（天使）に、底なしの淵につうじる穴を開く鍵が与えられているということで暗示されています。悪魔的なものは解き放たれると、「いなごの群れ」というシンボルで示されているように、具体的な形をとって地上に出てきます。この場合のいなごは、旧約聖書の場合とは違い、草木を害することはむしろ禁じられ、額に神の刻印を押されていない人に、一定の期間、危害を加えることが許されています。神の笞《むち》の役目をそれと自覚せずに果たすわけですが、害の及ぼし方や、期間に関しても神の支配のもとにあることが「殺してはいけないが、五か月の間、苦しめることは許されたのである」という表現に見られます。ここで「苦しめる」と訳されているギリシア語は、黙示録ではほとんど例外なしに、神に敵対する者が受ける終末的な苦しみとの関連で用いられています。その苦しみのむごさは「せつに死を望んでも、死のほうが逃げていく」という言葉に表されています。救いの歴史が展開している間、神は悪に対してそれに見合うほどの罰を課さず、また悪を根絶する力をもっておられるにもかかわらず、根絶なさいません。徹底的な賞罰は、救いの歴史の最終的完成のときに行われる、というのが黙示録の立場です。

7節から11節には神の笞となるもの「いなご」が、ヨエル書の描写を模して描かれています。またアラビアのことわざでも、いなごの頭が馬の頭にたとえられ、胸は獅子のそれに、胴は蛇の腹に、尾はさそりのそれに、触覚は処女の髪にたとえられているそうです。ここに描かれていることを細部にわたって吟味することはできませんが、このような描写によって、いなごの群れが襲ってくるときの人々の不安と恐怖を描き、この神の笞の恐ろしさを描いています。このいなごの大群は、その名をヘブライ語ではアバドン（廃墟）、ギリシア語ではアポリオン（滅ぼす者）といい、底なしの淵の使いを王としていただいています。

12節はかすがいの役目をしています。8章13節で告げられた三つの災いのうち、第一のものは終わったが、まだ後にこの二つの災いがくることを告げています。

第六のラッパの吹奏とその結果　第二の災い　悪の一時的勝利　9章13節～11章14節

鷲の告げた第二の災いに相当する第六のラッパの吹奏によって引き起こされる結果は11章14節まで続きます。地獄の騎兵、天使の誓いと小さな巻物の授与、二人の証人、という根本的には同じテーマを扱う三つの幻からなっています。救いの歴史が最終段階に到達するまえに、神の一時的で過渡的な裁きがある、というのがこの部分のテーマです。

◆地獄の騎兵　9章13～21節

[13]第六の天使がラッパを吹いた。すると、神のみ前にある金の祭壇の四本の角から一つの声が聞こえた。[14]その声は、ラッパをもっている第六の天使に向かってこういった。「大きな川、ユーフラテスのほとりにつながれている四人の天使を放してやれ。」

最初の二節はむしろ状況設定ということができましょう。ラッパが響くと、神のみ前にある祭壇の角から一つの声が聞こえ、ラッパをもっている第六の天使に向かって「ユーフラテスのほとりにつながれている四人の天使を放してやれ」と命じるのが聞こえます。この四人の天使はユダヤ教の伝承にも見られる堕落した天使と思われます。四人の天使たちは、「その年、その月、その日、その時間のために用意されていた」とあるのは、歴史が神の支配下にあり、神の計画に従って進むこと、またこれから起きる災いも過渡的なものであることを暗示しています。祭壇は、あの8章3節の金の香壇のことです。イスラエルの祭壇は香をたくための祭壇にしろ、いけにえをささげる祭壇にしろ、四隅に角があります。今でもメギド出土の香壇やベエル・シェバ出土のいけにえの祭壇に、四隅の角を見ることができます。聖徒たちの祈りに香を添えてささげられた同じ香壇の四本の角から声が聞こえるということは、これから起こることが祈りに対する神の応えだということの暗示でしょう。ユーフラテスといえば、聖書では約束の地の東の境（出エジプト23・31、申命1・7）を意味する場合と、悪の発生源を象徴する場合があります。イスラエルの大敵アッシリアやバビロニアはその河の流域に栄えていたことから、悪の震源のイメージが生まれました。

15
四人の天使は、人間の三分の一を殺すために解き放された。この天使たちは、その年、その月、その日、その時間のために用意されていたのである。
16
その騎兵の数は二億、わたしはその数を聞いた。
17
わたしは幻のなかで馬とそれに乗っている者たちを見たが、その様子はこうであった。彼らは、炎、紫、および硫黄の色の胸当てを着けており、馬の頭は獅子の頭のようで、口からは火と煙と硫黄とを吐いていた。
18
その口から吐く火と煙と硫黄、この三つの災いで人間の三分の一が殺された。[19]馬の力は口と尾にあって、尾は蛇に似て頭があり、この頭で害を加えるのである。
[20]これらの災いに遭っても殺されずに残った人間は、自分の手で造ったものについて悔い改めず、なおも、悪霊どもや、金、銀、銅、石、木それぞれで造った偶像を礼拝することをやめなかった。このような偶像は、見ることも、聞くことも、歩くこともできないものである。[21]また彼らは人を殺すこと、まじない、みだらな行い、盗みを悔い改めなかった。

先のいなごは人間を殺すことまでは許されていませんでしたが、この天使たちは人間の三分の一を殺す役目を与えられていますから、災害の度合いがいちだんと高まっています。二億という無数に近い数、想像を絶する地獄的な様相、馬の口から出て、人間の三分の一を殺す毒のある火と煙と硫黄などの描写は悪の力の不可解さを表しています。しかし、この恐ろしい災害も、救いの手だてとするためのものであることは、この恐ろしい修羅場を体験したにもかかわらず、生き延びた人たちの大多数が悔い改めなかったと特筆されていることによってわかります。この部分では回心が大切なテーマとなっています。

◆天使の誓いと小さな巻物の授与　10章1～11節

[1]わたしはまた、もう一人の力強い天使が、雲を身にまとい、天から降ってくるのを見た。
頭には虹をいただき、顔は太陽のようで、足は火の柱のようであり、[2]手には開いた小さな巻
物をもっていた。そして、右足で海を、左足で地を踏まえて、[3]獅子がほえるような大声で叫
んだ。天使が叫んだとき、七つの雷がそれぞれの声で語った。[4]七つの雷が語ったとき、わた
しは書き留めようとした。すると、天から声があって、「七つの雷が語ったことは秘めておけ。
それを書き留めてはいけない」というのが聞こえた。[5]すると、海と地の上に立つのをわたし
が見たあの天使が、右手を天に上げ、[6]世々限りなく生きておられる方にかけて誓った。すな
わち、天とそのなかにあるもの、地とそのなかにあるもの、海とそのなかにあるものを創造さ
れた方にかけてこう誓った。「もはや時がない。[7]第七の天使がラッパを吹くとき、神の秘めら
れた計画が成就する。それは、神がご自分のしもべである預言者たちによい知らせとして告げ
られたとおりである。」
[8]すると、天から聞こえたあの声が、ふたたびわたしに語りかけて、こういった。「さあ行っ
て、海と地の上に立っている天使の手にある、開かれた巻物を受けとれ。」[9]そこで、天使のと
ころへ行き、「その小さな巻物をください」といった。すると、天使はわたしにいった。「受け
とって、食べてしまえ。それは、あなたの腹には苦いが、口にはみつのように甘い。」[10]わたし
は、その小さな巻物を天使の手から受けとって、食べてしまった。それは、口にはみつのよう

に甘かったが、食べると、わたしの腹は苦くなった。11 すると、わたしにこう語りかける声が聞こえた。「あなたは、多くの民族、国民、言葉の違う民、また、王たちについて、ふたたび預言しなければならない。」

第六のラッパの呼び起こす二つ目のシーン(10・1〜11)は、天使の誓いの場面です。ヨハネは、神やキリストの特徴に非常に近い特性を備えた天使が天から降りてくるのを見ます。実際、天使についてここで述べられている「雲」(出エジプト13・21)とか「獅子のような声」(アモス1・2)は旧約聖書ではイスラエルの主である神を形容するのに用いられていますし、顔が太陽のように輝いているという形容は福音書でご変容のさいのキリストについていわれているだけでなく、著者自身、自分が幻に見た復活のキリストの顔をそのように形容しています(1・16)。以上の描写をもってヨハネは、天使をとおして語られるのが神とキリストであることを強調しているものと思われます。

天使は「手には開いた小さな巻物をもち」、右足で海を、左足で地を踏まえて立っています。海と陸という表現は全世界を表すものですから、左右の足をそこにおいて立つ天使のメッセージは全世界にかかわるものであること、そして全世界の運命を左右するのは究極的にはこの天使を派遣された神であることをほのめかしています。

天使は右の手を天にあげ、世々限りなく生きておられる神にかけて、いまや終末が迫っていること、第七のラッパ吹奏とともに神の救いの計画が成就することを誓います。5節の背景にはダニエル書12章7節があります。そこでは、ダニエルの「いつまで」この苦しみは続くのか、という問いに対して、河の流れの上に立つ天使のような者が両手を天にさし伸べ、神のみ名により、終末のときの苦しみは三年半（限られた期間）続くが、その後救いが成就すると誓っています。このような旧約聖書のメッセージに親しんでいた著者は、この幻に触れ、自分たちがすでにこの最後の苦難の時代に入っていることを確信します。

「第七の天使がラッパを吹くとき」（10・7）と訳されている部分のギリシア語は「第七のラッパの声の日々」となっていますから、第七の天使のラッパ吹奏とともに成就する神の救いの計画は、以下22章5節までで語られること全体を含むことがわかります。10章1節から11節の中心は、ヨハネが天使から巻物を受けとって食べるということです。この出来事はエゼキエル書（2・8～3・3）を下敷きにしているのは確実です。けれども、預言者エゼキエルの場合、巻物をもった神のみ手がさし伸べられるのを見たのに反し、この場合は、一人の力強い天使がそれをもっています。著者は神のみ手ではなく、天使を登場させることにより、最終的な終末のときまで、神が直接世に介入なさることはないという、彼自身の見解を終始一貫保っています。巻物が開かれているとは、読める状態にあることを意味します。5章の巻物が小羊によってすでに開かれているからです。エゼキエルの場合とは違い、ヨハネは巻物の内容については触れていませんが、たぶんこの巻物は先の巻物の一部であり、第七のラッパが鳴ってから22章5節までの部分を含むものであると考えられます。

ヨハネは巻物を受けとるとそれを読み、内容を理解したうえ、それを告知します。「わたしは巻物をとり、それを食べた……腹には苦かった」。これは先のエゼキエル書から受け継いだ象徴的な行為です。小さな巻物は神の言葉を含んでいます。預言者にとって、啓示に触れるのは確かに甘美で喜ばしいことですが、神のメッセージを消化し、自分のものとし、それをふさわしく他者に伝えるのは至難のわざで、内的な苦行だけでなく、迫害や外的なさまざまな困難を伴うものなのです。

◆二人の証人の幻　11章1〜14節

1
それから、わたしは杖のような物差しを与えられて、こう告げられた。「立って神の神殿と祭壇とを測り、また、そこで礼拝している者たちを数えよ。
2
しかし、神殿の外の庭はそのままにしておけ。測ってはいけない。そこは異邦人に与えられたからである。彼らは、四十二か月の間、この聖なる都を踏みにじるであろう。
3
わたしは、自分の二人の証人に粗布をまとわせ、千二百六十日の間、預言させよう。」
4
この二人の証人とは、地上の主のみ前に立つ二本のオリーブの木、また二つの燭台である。
5
この二人に害を加えようとする者があれば、彼らの口から火が出て、その敵を滅ぼすであろう。この二人に害を加えようとする者があれば、必ず

このように殺される。6彼らには、預言をしている間ずっと雨が降らないように天を閉じる力
がある。また、水を血に変える力があって、望みのままに何度でも、あらゆる災いを地に及ぼ
すことができる。7二人がそのあかしを終えると、一匹の獣が、底なしの淵から上ってきて彼
らと戦って勝ち、二人を殺してしまう。8彼らの死体は、たとえてソドムとかエジプトとか呼
ばれる大きな都の大通りにとり残される。この二人の証人の主も、その都で十字架につけられ
たのである。9さまざまの民族、種族、言葉の違う民、国民に属する人々は、三日半の間、彼
らの死体を眺め、それを墓に葬ることは許さないであろう。10地上の人々は、彼らのことで大
いに喜び、贈り物をやりとりするであろう。この二人の預言者は、地上の人々を苦しめたから
である。11三日半たって、命の息が神から出て、この二人に入った。彼らが立ち上がると、こ
れを見た人々は大いに恐れた。12二人は、天から大きな声があって、「ここに上ってこい」とい
うのを聞いた。そして雲に乗って天に上った。彼らの敵もそれを見た。13そのとき、大地震が
起こり、都の十分の一が倒れ、この地震のために七千人が死に、残った人々は恐れを抱いて天
の神の栄光をたたえた。
14第二の災いが過ぎ去った。見よ、第三の災いが速やかにやってくる。

第三のシーンは二人の証人のエピソードです。聖なる都が神殿の中心部を除き、四十二か月の間（＝三年六か月＝限られた期間）蹂躙《じゅうりん》されることが述べられた後、二人の証人のエピソードが語られています。複雑なシンボルのために、学者たちの間に異論が多々あります。たぶん

著者はここで、いつの時代の教会にもあてはまる、ひとつの神学的な図式を提供しようとしているものと思われます。要約すれば、次のようにまとめることができましょう。神の民全体のシンボルとしての、聖なる都に敵対する力が優勢を極めるときもあり得ます。神殿と祭壇が象徴している教会の心臓ともいえる部分だけは、無傷に残るでしょう。そしてそのような苦難のときにも、神の民のなかには、神の言葉を礎とし、キリストの過ぎ越しの歩みを自分のものとする者がいるでしょう。四十二か月と千二百六十日は換算すれば同じ三年半になりますが、ここで著者が前者を選んでいるのは、その間日々というニュアンスを含ませているのだと思います。11章3節の「二人の証人」をエリヤとモーセ、ヨシュアとゾロバベル、ペトロとパウロなどと特定する諸説がありますが、たぶん、過去あるいは未来の歴史上の人物をさしているというより、どの時代の人物にもあてはめられるようなモデルを描いていると考えるほうがいいでしょう。どのような苦難の時代にも、教会には、指標ともなる、神の愛の力をあかす預言者が絶えないことを示しているものと思われます。

8節には黙示録における歴史の解釈がどういうことかを知るうえで、大切なメッセージがあります。著者はここで「たとえてソドムとかエジプトとか呼ばれる大きな都」という表現を用います。ソドムとかエジプトというシンボルのもとに、人間の共同生活（大都市）のネガティブな面に触れているということは、その名前によって暗示されています。ソドムはあまりにも度を過ごした退廃ゆえに神に滅ぼされた町（創世記19章参照）、エジプトはイスラエルを奴隷として非人道的に扱ったとされる国だからです。「たとえて」と訳されている原語はプネウマ（霊）から派生した副詞プネウマティコスです。この単語は、新約聖書にはここコリントの信徒への第一の手紙（2・14）にしか用いられていません。たぶん「聖霊の影響のもとに」の意で使われていると解釈できます。理由はパウロも先の箇所で、この副詞をそのような意味で用いているからです。新共同訳では「霊によって」と訳されています。黙示録を適切に解読するように導くのは聖霊であることが、プネウマティコスという副詞で暗示されています。

ヨハネの聴衆は、自分たちの現実の歴史の視界にソドムとかエジプトと呼び得るものが存在するのかどうかを検討し、あるとしたらその名は何かを識別するよう迫られます。そしてその適切な識別は、霊によってのみ可能であることを悟るのです。

14節はこれまでの部分と次の段落とのかすがいの役目を果たしています。

第四段　三つのしるし　11章15節〜16章16節

第四段の構造（U.Vanni *"La Struttura Letteraria dell'Apocalisse"* 195〜205ページ参照）

第四段は量も多いうえに、黙示録最大の論議の的を含むと同時に、大切な部分でもありますから、読み進むまえにしっかりと全体の構造を見ておきたいと思います。

今までわたしたちは七つの封印を解くにつれて起こったことを見た後、七つのラッパのうちの六つまでが次々と天使によって吹き鳴らされるのを見てきました。今、10章5〜7節をもう一度読んで見ましょう。

5 すると、海と地の上に立つのをわたしが見たあの天使が、右手を天に上げ、6 世々限りなく生きておられる方にかけて誓った。すなわち、天とそのなかにあるもの、地とそのなかにあるもの、海とそのなかにあるものを創造された方にかけてこう誓った。「もはや時がない。7 第七の天使がラッパを吹くとき、神の秘められた計画が成就する。それは、神がご自分のしもべである預言者たちによい知らせとして告げられたとおりである。」

天使が「世々限りなく生きておられる方」すなわち神にかけて誓って述べているということ自体が、7節の言葉の重大さを暗示しています。そしてこの天使は、第七のラッパの吹奏が目前に迫っていることを告げ、しかも「第七の天使がラッパを吹くとき」は「神の秘められた計画が成就する」ときであり、この神の秘められた計画の成就は「神がご自分のしもべである預言者たちによい知らせとして告げられたとおりである」ことを予告しています。したがって第七のラッパの吹奏は、救いの完ぺきな成就の幕開けとなることが予告されていたわけです。

第七のラッパの吹奏は11章15節から16章16節だけでなく、この書の本文の終わり（22・5）にまで及ぶことの始まりなのです。

まず、11章15節以下16章16節までを文学的構造上、一つのまとまりとして見ることが可能かどうかを確認しておきたいと思います。そのために次の二点を調べてみましょう。

1　この部分には新しいまとまりをしるす新しい要素が見られるか。

2　この部分全体に一貫した何らかの脈絡を示すような展開を認めることができるか。

◆新しいまとまりの始まりをしるす新しい要素

決定的終末の到来したことを示す表現が一貫して見られます。これまで神は「今おられ、かつておられ、やがてこられる方」（1・4、1・8）と呼ばれていましたが、11章17節の栄唱のなかで初めて、神は「今おられ、かつておられた方」と呼ばれ、「やがてこられる方」とは呼ばれていません。これは、もはや終末の決定的なときが始まろうとしていることを告げる、新しい呼び名です。なぜなら神はすでにきておられると理解されているからです。

同じく19節に「神殿のなかにある契約の箱が見えた」と述べることにより、決定的なメシアの支配が今始まろうとしていることを告げています（155ページ参照）。

さらに「大バビロンが倒れた」（14・8）という場合の動詞は、一回限りの過去を表すことのできる時制、アオリスト形が用いられているので、決定的終わりを表していると理解できます。また穀物の刈り入れとぶどうのとり入れ（14・14〜20）の幻も終末を表しています。14章13節で「今から後」と訳されている「アプ　アルティ」というギリシア語は、新約聖書において次のようなニュアンスを与えられています。この言葉を語る人と同時に救いが成就することを示す表現として用いられているのです（マタイ23・39、26・29、ヨハネ13・19、14・7参照）。しかもこのような決定的終末をしるす要素は、この部分全体に散りばめられています。

しるしという用語は12章冒頭に初めて現れ、全体には七回用いられていますが、そのうち六回はこの部分に集中し（12・1、3、13・13、14、15・1、16・14参照）、その後は19章20節に一度現れるだけです。「しるし」はこの部分を特徴づける用語であるといえましょう。

◆第四段には一貫した脈絡があることを示す展開が見られる

三つのしるし　12章1節、12章3節、15章1節

第四段全体には女（12・1）と、竜（12・3）と、七人の天使の携えている最後の七つの災い（15・1）という三つのしるしが登場します。12章1節〜18節はそれぞれしるしと呼ばれ、対峙して死闘を繰り広げる女と竜の物語でまとめられています。女と竜という単語は第四段にそれぞれ八回見られます。女（12・1、4、6、13、14、15、16、17）、竜（12・3、4、7に二回、9、13、16、17）

（注　ギリシア語の動詞には人称変化があるため、動詞の形によって主語が明らかになる場合が多々あります。そこで右にあげた数が邦訳聖書とは合わない場合があります。聖書の訳者は日本語として読みやすい文章にするために、原文が明記していない「女」や「竜」という名詞を挿入する必要を感じたのです。160ページと189〜191ページに引用した新共同訳聖書のテキストにゴシック体で印刷されている「女」と「竜」が原文に見られるものです。以下、本書で特別に単語の数に触れる場合、重要性のあるものに関しては、テキストの文章に以上のしるしをつけることによって読者が判別できるようにはかりました）。

まず12章1〜4節で第一のしるし、第二のしるし、太陽をまとう女性と第二のしるし、火のように赤い大きな竜が紹介されます。女は身ごもっていて、陣痛の叫びを上げています。竜は9節に「巨大な

竜、年を経た蛇、悪魔とかサタンとか呼ばれるもの、全人類を惑わす者」と解説されています。二つのしるしはともに天に現れますが、竜は4節で明らかに地上とも関連づけられています。竜は女の産み落とす子を食べようと構えていますが、女は翼を与えられて竜の食指を逃れます。そこで地上で女と竜の戦いが始まります。女は荒れ野に逃れます。期間は千二百六十日、つまり一定の限られた期間です（4b〜6）。7節以降には天軍の勝利に終わるミカエルとその使いたち対、竜とそのやからとの戦い、そして竜たちが敗れて地上に投げ落とされる場面が続き、勝利を神に帰する賛美の歌と悪魔の凄絶《せいぜつ》な戦いが始まることへの警告で12節が終わります。竜はやがてその分身の二匹の獣に代表され、13章ではこの二匹の獣の影響が語られています。二匹の獣の最初のものは、自己を神格化し、礼拝を要求するような政治的権力の中枢であり、第二のものは、そういう国家を支持し、宣伝する権威を象徴しています。

第三のしるしは15章の冒頭に現れる七人の天使が、神の怒りの極みである七つの災いを盛った金の鉢を携えて現れることです。この幻の後に天で荘厳な祭儀があり、16章の1〜16節でその怒りは七人の天使により次々と地上に注がれます。

ちなみに、この鉢は4章で二十四人の長老がもっていたもので、その中身は聖徒たちの祈りである、といわれていました。ですから、地上の聖徒の祈りは天使聖人らのもとに引き上げられ、そこで彼らのとりなしにより清められ、わたしたちの心を出たときよりもすばらしいものとなって神のみもとに上り、何らかの意味で神に訴え、神はそれに対する応えとして、同じ鉢に怒り（神の裁きの力）を満たして地上に注ぎ、悪を徹底的に滅ぼしてくださいます。以上が三重のしるしの部分の大要です。

13章1～18節と、直前の12章8節との関連

13章1～18節と、それに先立つ部分との間には、明らかな関連が見られます。女とその子孫の残りの者たちと戦おうとして出ていった竜は「海辺の砂の上に立った」（12・18）とありましたが、13章1節は「わたしはまた、一匹の獣が海のなかから上ってくるのを見た」と始まり、さらに「竜はこの獣に、自分の力と王座と大きな権威とを与えた」（13・2）とあるからです。また13章11節に登場する「もう一匹の獣」も竜の手下である先の獣の味方をするものですから、13章全体は竜と女の戦いの延長線上にあります。

14章1～5節の抱える問題点

以上で明らかなとおり、12章初めから13章の終わりまでには、一つの展開が見られますが、14章の初めの5節はある意味で独立しており、前章との関係は見られません。そこで学者たちのなかにはこれを後の挿入と見る人もいますが、わたしたちはそういう見方はしないで、あるがままのテキストを読んでいきたいと思います。

ここに登場する「小羊」は、先の二つの獣に対置されていると見ることもできますが、確か

にまえの部分との文学的構造上のつながりは見られません。ただ、14章9節後半の「額や手にこの獣の刻印を受ける者」は、わたしたちに13章16節の「すべての者にその右手か額に刻印を押させた」とあったことを思い出させ、先の部分と関連があることを示しています。

14章6～13節に見られる一貫性

14章6～13節（209ページのテキスト参照）が一つのまとまりをなしていることは三人の天使がそれぞれ「別の」（14・6、8、9）という形容詞を帯びて登場すること、およびそれぞれの天使が「大声でいった」（7）「こういった」（8）「大声でこういった」（9）と記されていることによってもわかります。また6節の「別の天使」は、当然第七の天使（11・15）を念頭においていわれていることを思わせますから、この部分が11章15節から16章16節までの一連の展開のなかにあることは容易に認められます。

14章14節以下とその前後の部分との関係

14章14節以下（212～213ページのテキスト参照）と15章の初めとの間に構造上の切れ目があることは15章がふたたびしるしをとりあげ「わたしはまた、天にもう一つの大きな驚くべきしるしを見た」（15・1）と始まることによって明らかです。

そのうえ「鎌《かま》」という言葉が14節以下にだけ集中して七回も使われていることにより、この部分が文学的構造上の一つのまとまりであることがわかります。この部分はさらにその内容から、14章14～16節までと14章17～20節までの比較的並行する二つの区分に分けることができます。

14節の人の子の紹介には17節の別の天使の紹介が対応し、15節の「天使が人の子に向かって刈り入れの開始を告げる言葉」には18節の火をつかさどる天使の「ぶどうのとり入れ」開始の命令が対応しています。最後に16節の「人の子による刈り入れの実施」には19節の天使によるぶどうのとり入れ実施が対応しています。以上で明らかなとおり、この二つの部分はまったく同じ文学的な構造をもっています。

さらに14章後半は、いろいろな意味で前半6～13節とも並行して構成されています。「別の天使」（14・6、8、9および15、17、18）という表現が双方に三回、「時がきた」（14・7、15）、怒り（14・8、19）というように同じ用語が見られます。また20節に「酒ぶね（新共同訳 搾り桶。256ページ参照）は、都の外で踏まれた」とありますが、この「都」という言葉は、もし8節に「大バビロンが倒れた。怒りを招くみだらな行いのぶどう酒を、諸国の民に飲ませたこの都が」という形で「バビロン」が名ざされていなければ意味をなしません。

15章1節から16章16節と黙示録全体との関連

15章の初めの「大きなしるし」と「七つ」という数は、黙示録の大きな流れにわたしたちを連れもどします。3〜4節の栄唱は文脈全体に荘厳さを加味し、完成された救いが今ここにあるということを強調しています。16章5〜7節の栄唱も同じ効果を与えています。

15章1節以下の七つの鉢の部分はわたしたちがすでに見てきた七つのラッパに似た構図をもって展開されています。まず七人の天使が紹介され（15・1）、ついで神の介入と深い関係のある天での典礼が展開され（15・2〜8）、最後に裁きが実現されます（16・1〜16）。

15章5節は注目に値します。「七人の天使が最後の七つの災いを携えていた」（15・1）と七つの封印、七つのラッパに次ぐ最後の七つの災いが告げられ、勝利者たちの歌（15・3〜4）が歌われたすぐ後に、著者は「この後、わたしが見ていると、天にあるあかしの幕屋の神殿が開かれた」（15・5）と記しています。この指摘はわたしたちに11章19節の「神殿のなかにある契約の箱が見え」を想起させてくれます。

「その名の数字」（15・2）は、13章11〜18節、特に、「賢い人は、獣の数字にどのような意味があるかを考えるがよい。数字は人間をさしている。そして、数字は六百六十六である」（13・18）を想起させます。

「その鉢の中身を地上に注ぐと、獣の刻印を押されている人間たち、また、獣の像を礼拝する者たちに悪性のはれ物ができた」（16・2）も、同じく13章1〜8節と14章9節「だれでも、獣とその像を拝み、額や手にこの獣の刻印を受ける者があれば」を想起させます。

獣の刻印を押されている人間たちと獣の像を礼拝する者たちにできた悪性のはれ物（16・2）

も、「その苦しみの煙は、世々限りなく立ち上り、獣とその像を拝む者たち、また、だれでも獣の名の刻印を受ける者は、昼も夜も安らぐことはない」（14・11）を想起させてくれます。「わたしはまた、祭壇がこういうのを聞いた。『しかり、全能者である神、主よ、あなたの裁きは真実で正しい』」（16・7）という言葉には、あの殉教者たちの叫び「真実で聖なる主よ、いつまで裁きを行わず、地に住む者にわたしたちの血の復讐をなさらないのですか」（6・10）を想起させるものがあります。6章では神の裁きによる介入が求められていましたが、16章7節では「裁き」という名詞を複数形で用いることにより、先に求められた裁きが十分に行われたことを示しています。6章の殉教者たちの祈りは結論に達したことがうかがえます。

この部分の結びには「これはしるしを行う悪霊どもの霊であって、全世界の王たちのところへ出ていった。それは、全能者である神の大いなる日の戦いに備えて、彼らを集めるためである」（16・14）とあります。準備は完了し、大いなる戦いの場所も「ハルマゲドン」（16・16）と明確にされています。ハルマゲドンはメギドの山という意味のヘブライ語の発音をギリシア文字で記した言葉です。メギドはカルメル山のふもとに始まるイズレエルの平野を支配する要塞都市であり、古来、デボラの戦い、ヨシヤ王がファラオ・ネコと戦って討ち死にしたことなどで有名な古戦場です。ここではメギドの平野ではなく山とありますが、メギドはカルメル山系のふもとにあるので、著者はたぶんカルメル山で行われたあのエリヤとバアルの預言者たちとの戦い（列王上18章）をも暗示しているのかもしれません。このように非常にサスペンスに富む話術で、これからいよいよ終幕の始まることがにおわされています。

◆結論

右のような対応を見るとき、11章15節から16章16節は一つのまとまりをなしていると同時に、その前後との関係を明らかにもつまとまりであることがわかります。全体を一つの物語としてまとめるような一貫した筋は見られないとはいえ、前半13章18節までは物語としての発展があります。14章でいったん物語は中止され、むしろそれぞれ並行するさまざまなことが物語られ、15章ではふたたび七つの封印と七つのラッパの吹奏に続く七つの鉢という一連の七つのものでまとめられた、黙示録全体の構図にもどっています。それにもかかわらず、その間にさまざまな文学的要素が編み込まれて、全体として一つのまとまりをなしていることがわかります。

第七のラッパの吹奏　11章15〜19節

15 さて、第七の天使がラッパを吹いた。すると、天にさまざまな大声があって、こういった。
「この世の国は、われらの主と、
そのメシアのものとなった。
主は世々限りなく統治される。」

16神のみ前で、座に着いていた二十四人の長老は、ひれ伏して神を礼拝し、
17こういった。
「今おられ、かつておられた方、
全能者である神、主よ、感謝いたします。
大いなる力を振るって統治されたからです。
18異邦人たちは怒り狂い、
あなたも怒りを現された。
死者の裁かれる時がきました。
あなたのしもべ、預言者、聖なる者、
み名を畏れる者には、
小さな者にも大きな者にも
報いをお与えになり、
地を滅ぼす者どもを
滅ぼされる時がきました。」
19そして、天にある神の神殿が開かれて、その神殿のなかにある契約の箱が見え、稲妻、さまざまな音、雷、地震が起こり、大粒の雹《ひょう》が降った。

第七のラッパが吹き鳴らされると、いよいよ神とキリストの支配が地においても実現されることが宣言されます。神は天地の主であっても、地には神の支配に反対する敵の妨げがありま

したが、今はそれらの勢力が完全に滅ぼされ、地上にも神の国が完成されるのです。ですから17節では神が「今おられ、かつておられた方」とだけ呼ばれ、今までいつも添えられていた「やがてこられる方」は欠けています。なぜならこの幻の時点では、神はすでにきておられるからです。

ようやく決定的終末の部分が始まるわけですが、み国の到来は最後の災いの到来（神に逆らう者が消え失せるとき）でもあります。ですから19章1節に至るまでの部分ではまだ災いの陰が色濃く出ています。

19節に「そして、天にある神の神殿が開かれて、その神殿のなかにある契約の箱が見え」とあるのに注目しましょう。これは決定的な終末の時が始まることのしるしです。天にある神殿は、出エジプト記25章8～9節によれば、エルサレムの神殿の原型です。契約の箱は荒れ野の旅のとき以来つねに民とともに歩んでくださった契約の神の現存のしるしであり、ダビデがエルサレムをイスラエル統一王国の都としたときからエルサレムの神の幕屋に安置されていたもので、神が民とともにいてくださることのシンボルでした。そしてソロモンがエルサレムに神殿を建立したとき以来、五八七年バビロニアによってユダ王国が滅ぼされるまで、神殿の至聖所に安置されていたものです。バビロニア王ネブカドネツァルによってエルサレムが破壊され、神殿も破壊し尽くされたとき、契約の箱は失われてしまいました。マカバイ記二の2章4節以下の伝えるユダヤの伝説によれば、エルサレムの陥落のさい、エレミヤがこれをもち出すことに成功し、かつてモーセが約束の地をはるかに望み見て死んだ山の洞穴に隠しました。このとき預言者に随行した人々が、その洞穴への道しるべをつけようと後日もどったのですが、道を見つけることができませんでした。それを知ったエレミヤは彼らをたしなめ、「その場所は、神がその民をふたたびともに集め、慈悲を示されるまでは、知らされないだろう」といったとあります。この伝承にもとづいて、ユダヤの人々はメシアの時代にふたたび契約の箱が現れると考えていました。

著者は、「神殿のなかにある契約の箱が見えた」と述べることにより、決定的なメシアの支配が今始まろうとしていることを告げているのです。

女（第一のしるし）と竜（第二のしるし）　12章1〜18節

◆解読の助けとなる予備的知識

12章の背景にある神話

12章全体の主役は1節に登場する女性と3節の竜です。著者はたぶん古い通俗的な神話を利用しているものと思われます。これに似た神話はメソポタミアにもギリシアにもありましたが、いちばん近い神話は、ギリシアのアポロの誕生にまつわる神話だといわれています。アポロを産むことになる女神レトが身ごもっているとき、アポロによって殺されるという神託を受けた竜が、レトを亡き者にしようと後をつけます。ところが、北風がレトを海に連れていき、一つの小島に運んでしまいます。竜は後を追いますが、海が小島を覆ってしまい、竜はしかたなく自分の住みかである山に帰っていきます。やがて海は小島を元どおりにもどし、レトはぶじアポロを産み、アポロは竜の住みかを襲って殺してしまいます。これは世界中どこにでも見られる闇や無秩序、死の力が、どれほど光、秩序、命である神に戦いを挑むかという物語の一つです。黙示録の生まれた小アジアではこれは周知の神話でした。

ヨハネはこのような、当時民間に流布していた神話を利用しつつ、旧約聖書から借りたイメージを駆使して、この幻を語っているものと思われます。1節の女性は神の民を体現し、3節の竜は悪魔的な力を表象しています。彼らの間に起きるさまざまな衝突をとおして、救いの歴史が展開されていきます。

方向づけを与えてくれる三つの変数

変数とは決められた範囲のなかで、いろいろな値をとり得る文字のことをいいますが、黙示録12章の1～6節を読む場合、解読しなければならないシンボル、解読する主体、保つべき結論の三つが、方向づけを与えてくれる変数です。

黙示録の12章に記されているしるしを読んで、それを生活に生かそうとするさいに、解釈から実行への移行を妨げるものがあるとすれば何でしょうか。まず、しるしの内容をはっきり把握していない場合です。この場合、解読にあたる者たちは十分しるしが識別できていないうちに行動に移ろうとして、まごついてしまいます。生活に適用するさい、信心主義に陥ったり、抽象論に終わってしまう危険があります。そこでしるしの解読をしっかりとする必要があります。

黙示録の場合、シンボルの解読には独特の発展があります。「預言の霊」の影響のもとに伝えられた宗教的なメッセージは、まずそれを受けた著者（ヨハネ）によって一つのシンボルに凝縮されます。しかしそのシンボルは、死んだ文字としてとどまったり、あるいは単に詩的な表現としてとどまるべきものではありません。黙示録のなかのシンボルは解読を迫るようなダイナミックな力を秘めています。このようなシンボルは黙示録で「ミステーリオン（神秘）」と呼ばれ、なるべく早く解いていかなければならないなぞとしてとどまっています。シンボルは解読を迫ってくるので、シンボルを知覚した者は一種の驚きを覚えます。こうしてシンボルはこれを知覚する者に、人間の通常の知識の範囲を越える世界の扉を開きます。何らかの形でこのような扉が開かれるということは、わたしたちがこの世を越えた神の世界に触れるためにはどうしても必要です。こうしてシンボルが解釈され解読されます。

そこで初めて、現実の世界において、そのシンボルに相当するものは何かを見きわめていかねばならないのです。すなわち、シンボルの解釈はシンボルの意味を確認することに尽きるものではありません。意味を確認できたら、自分の周り、自分が生きている時代の歴史を一べつして、現実の生活圏のどこに、そのシンボルに相当することを見いだすことができるかを調べる必要があります。このような応用の要求が、黙示録の展開のなかで明らかにされています。この要求はときとして展開の筋を中断し特別の点に注意を促すことによって示されることもあります（201ページ参照）。

黙示録の物語に耳を傾けるわたしたちが、いったん自分が生きている現実の地平にシンボルに相当するものを認め、確認するならば、シンボル自体がわたしたちを刺激して、行動的な結論を出すために働き始めることを要求します。それは何もただちに結論を生まなければならないということではありませんが、実生活に生かすために心に温め、備えをし、機会をとらえる心構えが必要です。「(この預言の言葉）を聞いて、なかに記されたことを守る人たちは幸いである。時は迫っているからである」（1・3）とあったことを想起しましょう。

それではいったいだれが、この煩雑な働きをしなければならないのでしょうか。黙示録の著者の指示に従うならば、ヨハネの導きのもとに、復活のキリストと新しい出会いをし、その出会いのなかで清めていただいた、あの1章の典礼の場でヨハネに耳を傾けている地域教会のグループです。しかしこのグループは一つの変数で、わたしたち今日の読者でもあり得るわけです。

解読に努めるグループはヨハネに耳を傾けながら、シンボルを解読し、その結果を自分の生活にあてはめていかなければなりません。そういう意味で黙示録は実践的な指針を与える本であり、実行に移すべき本なのです。

わたしたちはこの12章を1章3節に登場する「これに耳を傾ける者」たちが、どのように解読し適用したかを見ていきましょう。

◆大きなしるし　12章1～6節（U.Vanni *"L'Apocalisse"* 227～251ページ参照）

[1]また、天に大きな**しるし**が現れた。一人の**女**が身に太陽をまとい、月を足の下にし、頭には十二の星の冠をかぶっていた。[2]女は身ごもっていたが、子を産む痛みと苦しみのため叫んでいた。[3]また、もう一つの**しるし**が天に現れた。見よ、火のように赤い大きな**竜**である。これには七つの頭と十本の角があって、その頭に七つの冠をかぶっていた。[4]竜の尾は、天の星の三分の一を掃き寄せて、地上に投げつけた。そして、**竜**は子を産もうとしている**女**の前に立ちはだかり、産んだら、その子を食べてしまおうとしていた。[5]女は男の子を産んだ。この子は、鉄の杖ですべての国民を治めることになっていた。子は神のもとへ、その玉座へ引き上げられた。[6]**女**は荒れ野へ逃げ込んだ。そこには、この女が千二百六十日の間養われるように、神の用意された場所があった。

しるし
「また、天に大きなしるしが現れた。」これを聞いて、ヨハネに耳を傾けている者たちは「しるし」という単語に注目します。黙示録には今まで一度も登場しない言葉ですから、聞き手の注意を引きます。12章1節に初めて登場し、全体で七回見られますが、19章20節の用例を除けば、あとの六回はすべて12章1節から16章16節に集中して見られ、この部分の特徴となっている用語です。しるしは何かすばらしいスペクタクルではなく、解読を必要とするメッセージです。「大きな」という形容詞も解釈にとりくむ聞き手の注意を促します。しるしの形の大きさではなく、しるしの意味内容の重大さを示しています。ギリシア語ではセメイオン・メガという具合にしるしという名詞が先におかれ、その後に形容詞「大きな」が続いています。ギリシア語の構文法によれば、これは大きいということを強調する語順です。セメイオン・メガという言葉は聞き手に、大きなしるしは何か根本的に大切な意味をもつものであることを予感させます。

この大きなしるしは「天に」現れました。4章の冒頭でヨハネは「ここへ上ってこい。この後必ず起こることをあなたに示そう」という声に招かれ、「〝霊〟に満たされて」天、すなわち神の領域に引き上げられたのでした。著者はこのしるしが天に現れたということを強調しています。ですから、このしるしは何らかの仕方で超自然の世界に関連づけられているものということが推測できます。ここに解読しなければならない一つのしるし、メッセージがあり、それは何か非常に大切なことで、しかも神の超絶界のなかに位置づけられるようなものであるということでしょう。

大きなしるしの第一の特徴　天上的な女性（12・1）

「一人の女が身に太陽をまとい、
月を足の下にし、
頭には十二の星の冠をかぶっていた。」

以上三つの要素はそれぞれ女性を形容しているシンボルです。つまり女性自身が一つのシンボルですが、そのシンボルは女性に与えられている右の三つの天上的な要素からなっているということです。

この女性の場合にも、彼女について述べられていること全部を一つの造形美術的なイメージとして描くのは意味がありません。太陽を身にまとった人が、たとえ足下に月を踏み、頭上に星の冠をかぶっていたとしても、太陽の光にはるかに劣る月のような光体は見えるはずがありません。したがって、女性を修飾している「太陽をまとい」「月を足の下にし」「頭には十二の星の冠をかぶる」というこの三つの要素はそれらを同時に一つのイメージとして描くことは不可能であることがわかります。

集会はさっそく解読にとりかかります。神の領域である天に、一人の女性が現れました。

第一のしるしの本体　神の民＝教会

黙示録の著者は、旧約聖書と新約聖書が一体となって神の啓示を構成するということを非常に大切にし、五百回あまり、自由に旧約聖書を引用しているのですから、この場合、「女」という言葉も旧約聖書を背景にして解釈するのが道だと思われます。「女」という用語は旧約聖書では人格的、社会的、宗教的な面でいろいろ複雑なプロフィールをもっていますが、そのなかで特に一貫して目立つのは、花嫁ならびに母という姿です。神とその民イスラエルとの関係を語るとき、旧約聖書はたびたび民を「女性」というシンボルで表現しています。神と民との関係は花婿と花嫁の関係で語られていますし、神が民と結ばれた契約は、旧約聖書のなかでもイエスのお言葉でも、たびたび婚約関係の用語を用いて表現されています。もちろん、きわどい擬人法を避けるように注意しなければなりませんが、旧約では「民である女性」にはある種の多産性の概念が含まれています。

シオン・イスラエルについてイザヤは次のように歌っています。

目を上げて、見渡すがよい。
みな集い、あなたのもとにくる。
息子たちは遠くから
娘たちは抱かれて、進んでくる。（60・4）

黙示録の著者に導かれて一種の霊的歩みをしているこのグループのように、旧約聖書の比ゆに慣れている人たちは、この「女性」は婚姻に象徴される契約によって、神と結ばれている神の民（ひいては教会）だということを直感します。神の民への帰属意識が鮮明な彼らは、自分たちをこの女性の姿に重ねて同一視します。

身に太陽をまとい

12章1節によれば、彼女は太陽をまとっています。太陽を衣とするという表現は旧約聖書には見られませんが、神が衣服を着せるということは聖書ではなじみの表現です。楽園追放の物語にも、楽園を追われるアダムとエバに神は皮の衣を作って着せられたと記されています（創世3・21）。またエゼキエルは、神がイスラエルの民に施してくださった恵みを語るとき、「わたしは……美しく織った服を着せ……絹の衣をかけてやった」（16・10）と述べています。第三イザヤはエルサレムの口に次のような言葉をのせています。

わたしは主によって喜び楽しみ
わたしの魂はわたしの神にあって喜び躍る。
主は救いの衣をわたしに着せ
恵みの晴れ着をまとわせてくださる。（61・10）

ここで知っておかなければならないのは、ヘブライ語では町は女性名詞であるということです。エルサレムは一人の女性のように語っているのです。

以上のとおり旧約聖書には、愛、婚約、あるいは契約という文脈のなかで、神がその民に着物を着せてくださるという表現が見られます。しかしそれではどうしてここでは太陽をまとわせるのでしょうか。

太陽をまとうというのは旧約聖書には見られない新しい表現で、聖書に見るかぎり、黙示録固有のものです。太陽は洋の東西を問わず、たびたび偶像崇拝の対象となっていましたから、旧約聖書では非常にその扱いに気を配っています。創造物語では太陽を表すシェメシュという名詞をことさらに避け、太陽のことを「大きな光るもの」と呼んでいます。けれども創造物語において、「大きな光るもの」太陽は、まず最初に天に創られた、神に愛でられた被造物です。また新約聖書のマタイ福音書は御父のことに触れながら、太陽を「彼の太陽」（マタイ5・45）と呼んでいますし、ご変容のときのイエスのみ顔は、太陽のように輝いていたと描写されています。したがって、太陽を身にまといとは、神から愛され、その最良の恵みで装わされたということを意味すると考えられるでしょう。この女性はそのようなものとして天に現れました。解読を進めるグループは、ここでこのイメージをわきにおいて、次のシンボルの解読に移ります。

月を足の下にし

このイメージの解釈には旧約聖書はあまり役立ちません。聖書の世界において、月には日本文学に出てくるような詩的な雰囲気、あるいは情緒をそそるようなイメージはありません。月が霊的なシンボルとして用いられることは皆無といえましょう。けれども旧約時代をつうじて、人々は暦を月の満ち欠けによって定め、祭儀の暦や祝祭日もこの月の変化によって定められていました。月は時の経過と、そのなかで生起する歴史の流れを象徴するものでした。

この女性は月を足の下に踏んでいます。月が女性を支えているのではなく、女性が月を足の下に踏んでいるのです。踏むということは支配することの象徴です。メシア的詩編と考えられている詩編110にも「わたしの右の座につくがよい。わたしはあなたの敵をあなたの足台としよう」（1節）という表現があります。月を足下にして立っているこの女性は、時のなかで起きることに流されず、それをある意味で超越していることを表しています。月が象徴している時の流れはまだ継続し、その役割を捨てたわけではありません。時がなくなるのは最終的な終末でのことです。「この都には、それを照らす太陽も月も、必要でない。神の栄光が都を照らしており、小羊が都の明かりだからである」（21・23）と記されているとおりです。12章のこの時点では、時はまだ継続し、規則的に展開しているにもかかわらず、この女性は時の展開に飲み込まれることなく、ある程度それを超えた次元に生きることができるのです。神の民＝教会は人間の時を無視することはないのですが、それをある意味で超越しています。

この女性、神の民＝教会が有している時に対する優越は、けっして抽象的なことではありません。詩編89の37～38節がそのあたりの理解を助けてくれるかもしれません。34節から読んでみましょう。

詩編89は長い詩編で、創造主であり、大自然の支配者である神の賛美（2～19）、ダビデ契約に関する託宣（20～38）と、嘆き（39～52）の三部からなっています。今わたしたちに関心のある部分はちょうど第二部、ダビデ契約に関する託宣の結びにあたるところです。この部分はまず、

20～22節　ダビデの選びと油そそぎ
23～26節　彼が敵に対して優位に立つこと
27～30節　彼と神の間には父と子にも似た関係があること
31～33節　戒めと威嚇
34～38節　たとえダビデ王家が不忠実に陥っても、神のほうではその約束と誠実を破棄することはない、ということを述べています。

そしてこの後には民がみじめな状態に陥って嘆く嘆きの詩編が続くわけですが、それはたぶんダビデ王家の王たちの不忠実の結果起こった、五九七年の第一回捕囚のときのことでしょう。このような文脈のなかで歌われている37～38節を理解するために34節から読んでみましょう。

34 それでもなお、わたしは慈しみを彼（＝ユダの王）からとりさらず
わたしの真実をむなしくすることはない。
35 契約を破ることをせず

わたしの唇から出た言葉を変えることはない。
36 聖なるわたし自身にかけて　わたしはひとつのことを誓った
ダビデを裏切ることはけっしてない、と。
37 彼の子孫はとこしえに続き
彼の王座はわたしの前に太陽のように
38 雲のかなたの確かなあかしである月のように　とこしえに立つであろう。（詩89）

問題の37～38節で、太陽と月は、季節を定める気象学上の運行のなかにおかれており、文脈は契約にかかわるものです。人間のあらゆる弱さにもかかわらず、神のほうからこの契約を破棄されることはけっしてない。変わらぬ周期のなかで動く太陽と月、そして特に月がそのことの保証なのだ、ということを詩編89の作者は主ご自身の言葉として歌っています。「雲のかなたの確かなあかしである月のように」という言葉は注目に値します。時の周期性は契約の継続と一致することが歌われていますが、そのような周期性が終わったときに何が起こるかについて、詩編は何もいっていません。黙示録の著者はここからヒントを得てこの詩編の文脈を続けているようです。黙示録11章19節に「そして、天にある神の神殿が開かれて、その神殿のなかにある契約の箱が見え、稲妻、さまざまな音、雷、地震が起こり、大粒の雹が降った」とあるのをわたしたちは読みました（154ページ参照）。ですから黙示録の文脈も契約と無縁ではありません。契約に触れた直後に太陽と月への言及があることによって、ヨハネの聴衆である教会集会は、時の流れのある間、契約が有効であることを想起します。しかし女性は月を足下に踏んで支配していいます、すなわち時の経過と契約自身を超越しています。

それではどのように超越しているか、ということは解読を進めるグループにはまだ疑問のままです。旧約聖書では神の忠実が繰り返し語られていますし、黙示録もそれを倦むことなく引き継いでいますから、契約の廃止ということは考えられません。契約を超えるとは、いっそう完全な実現を意味するのでしょう。それ以上考えられないほど完ぺきな実現があるのでしょう。

頭には十二の星の冠をかぶっていた

すでに時を超越し永遠の世界に属するという文脈のなかで、この女性は十二の星のついた冠をいただいています。冠は黙示録のなかに比較的多く見られますが、それはいつもただの装飾的な要素ではありません。賞を得たという承認であり、一般に狭義での終末的な価値を示すもので、この世を超える神の世界のレベルのものです。

星への言及はすでに見たとおり、黙示録ではむしろ頻繁です（1・16、1・20、2・1、3・1参照）。幸い1章20節ではっきりと「七つの星は七つの教会の天使たち」とあり、それは教会のこの世を超えた次元を表していることがわかっています。そこで冠と星のシンボルの意味を併せるなら、すでに賞を得た教会の姿を示していることが推測できます。この教会は神の領域に属するものです。

それでは星の数十二は何を意味するのでしょうか。黙示録21章12節では十二の門がイスラエルの十二部族と関連づけて語られ、同14節では十二の土台が十二使徒と関連づけて語られています。この部分を読んでみましょう。

[12] 都には、高い大きな城壁と十二の門があり、それらの門には十二人の天使がいて、名が刻みつけてあった。イスラエルの子らの十二部族の名であった。[13] 東に三つの門、北に三つの門、南に三つの門、西に三つの門があった。[14] 都の城壁には十二の土台があって、それには小羊の十二使徒の十二の名が刻みつけてあった。

これは終末の完成時の教会の姿を描く都エルサレムの描写です。城壁と門とはいずれも片方なしには都の完成はあり得ない大切なもので、門は城壁にはめ込まれていますから、城壁と門とは一体をなしています。その門にはイスラエルの子らの十二の部族の名前が刻まれ、城壁の土台には小羊キリストの十二使徒の名が刻みつけられています。つまり神の民の終末における完成状態では、イスラエルも十二使徒に代表される教会も、唯一の神の民として一つに統合されているのです。

女がかぶっている冠は、すでに決定的勝利をかち得たことを意味しています。すでに完全に目的を達成した次元では、イスラエルの十二の部族と十二使徒は加算される必要がなく、互いに重なりあって合致し、旧約の民と新約の民は一つに一致してしまいます。十二の星全部が一つとなって神の民全体を象徴しているのです。

この女性はいったいだれでしょう。旧約の光にあてて苦労しながら解読を進めてきた集会は、すでにそれが神の民をその超自然の次元から見たものだということを理解できました。この神の民の本質的価値は目に見えないものです。民は神から愛されています。母性が豊かで最良の恵みで満たされています。きたるべき決定的終末の生命の充満が保証されています。喜びにぼう然としながら教会集会はこの情景に自分を映しています。

大きなしるしの第二の特徴　陣痛の苦しみに叫びを上げる女性（12・2）

場面が突然一転します。主役は相変わらず、あの女性ですが、様子はまったく違っています。「女は身ごもっていたが、子を産む痛みと苦しみのため叫んでいた。」（12・2）「女」という用語が内蔵する「母性」が表面化し、強調されています。先に見たとおり、旧約聖書では、女性というシンボルには母性、多産性のイメージが含まれていました。新共同訳が「身ごもっていた」と訳している動詞はギリシア語では現在分詞形が用いられていますので、はらんでいるという状態が継続していることを表しています。陣痛に苦しむイメージを与えるまえに、身ごもっているという状態のほうが強調されています。

今身ごもっている女性が、先の場面で太陽をまとっていた女性であることは間違いありません。神の民＝教会が身ごもった状態にあるというのはいったい何を意味するのでしょう。神の民のなかに何かが産み落とされねばならないということを意味するのではないでしょうか。教会はまだ待機の姿勢にあります。まだ使命が終わっていません。何かの誕生を待っています。何かをはらんでいて、それを産み落とさなければなりません。生まれる子はいったい何者なのでしょうか。

グループがこの問いに答えるまえに、著者はいよいよ陣痛が始まったことを告げます。ここでも現在分詞が使われていることから、長く苦しい陣痛であることが明らかです。この二つの現在分詞の間に「叫ぶ」という動詞の直接法現在形が用いられて激しく叫ぶ状態が強調されています。

イザヤ預言書26章17～18節を読んでみましょう。これはイザヤ書のなかでも後期のものに属する部分で、黙示文学に属するものです。ヨハネはたぶんこの言葉の影響を受けていると思われます。

　妊婦に出産のときが近づくと
もだえ苦しみ、叫びます。
主よ、わたしたちもあなたのみ前でこのようでした。
わたしたちははらみ、産みの苦しみをしました。
しかしそれは風を産むようなものでした。

救いを国にもたらすこともできず
地上に住む者を産み出すこともできませんでした。（26・17〜18）

イザヤの描くイメージは次のようなことを示唆しています。神の影響のもとに民は身ごもりました。恵みを受けて救いをはらんだのですが、それを表現しようとするときに苦痛が襲います。救いを世に伝えるために一つの難関を越えなければならず、それを経たのですが、救いは光を見ませんでした。生まれませんでした。ここでも陣痛にあえいでいるのは神の民イスラエルです。

クムランから出土した文献のなかに『感謝の詩編』（1QH）と呼ばれるものがありますが、その第3欄3〜18行にも、はらんだ女性が産みの苦しみをしている姿と、その胎から「驚くべき指導者」が生まれることが書いてあります（U.Vanni "L'Apocalisse" 239ページ参照）。「驚くべき指導者」という用語が出産という文脈のなかで使われている事実は、イザヤ書9章5節を想起させてくれます。「ひとりのみどりごがわたしたちのために生まれた。ひとりの男の子がわたしたちに与えられた。権威が彼の肩にある。その名は『驚くべき指導者』。」黙示録の女性は何かメシアの誕生と関係があるらしいとは推測できますが、この女性が即イエスの母マリアとは考えられません。第一段階の女性はともかく、陣痛の痛みに叫ぶ女性のイメージは伝統的マリア伝承のマリア像とはかけ離れています。

女と竜の戦い（12・3〜4）

著者は教会集会に「この女性はいったいだれか」という疑問を抱かせたまま、別の考察に移ります。出産とそれに伴う陣痛の意味を理解するために、第一のしるしである「女性」に対抗する第二のしるしを解読する必要があります。

3 また、もう一つのしるしが天に現れた。見よ、火のように赤い大きな竜である。これには七つの頭と十本の角があって、その頭に七つの冠をかぶっていた。
4 その尾は、天の星の三分の一を掃き寄せて、地上に投げつけた。そして、竜は子を産もうとしている女の前に立ちはだかり、産んだら、その子を食べてしまおうとしていた。

「もう一つのしるし」とあり、大きなとはいわれていませんから、あの女性ほど重要ではないことがわかります。このしるしがネガティブなものであることは、まず「赤い」という形容詞から推察できます。赤は黙示録では流血、残酷など、ネガティブな意味を含むシンボルですが、そのうえ「赤い大きな」という言葉で、この竜がどんなにひどいものであるかが強調されています。その力はどのように働くのでしょうか。

角は力や権力のシンボル、七つという数は全体を意味します。七つの頭、七つの角、七つの冠と三回も七が強調されていることにより竜は悪の総元締めみたいなものであることがわかります。七つの冠は世界の諸国の上に君臨するという意味でしょう。十は一見偉大に見えても、その力に限界があることを示しています。スミルナの教会に向けられたキリストの言葉「あなたがたは、十日の間苦しめられるであろう。死に至るまで忠実であれ」（2・10）の場合にも、その十日には限られた日々の意味がありました。わたしたちのテキストの十本の角の場合も、その力に限界があることを示していると理解できます。頭には七つの冠をいただいているという表現はこの竜が権力の中枢であることを表しています。

以上の静的なイメージに続いて、動的な紹介が始まります。「竜の尾は、天の星の三分の一を掃き寄せて、地上に投げつけた。」この描写にはダニエル書の「これは天の万軍に及ぶまで力を伸ばし、その万軍、つまり星のうちのいくつかを地に投げ落とし、踏みにじった」（8・10）の影響を見ることができましょう。ダニエル書のテキストはセレウコス王朝のアンチオコス四世の横暴を暗示しています。この王は、紀元前二世紀にユダヤを支配下においていたシリアの王で、僭越《せんえつ》にもみずからエピファネス（神を顕現する者）と名乗りました。イスラエルが主の律法を守り、それにもとづく礼拝行為をすることを禁じたばかりか、エルサレムにあった主の唯一の神殿をゼウスにささげ、主に忠実を尽くそうとしたマカバイ一家の蜂起を挑発した人物です。

著者は12章9節で「竜」は「年を経た蛇、悪魔とかサタンとか呼ばれるもの、全人類を惑わす者」（創世記3章参照）と解説していますが、そう明かすまえに、シンボルを用いて竜がこの世のなか、歴史のなかでネガティブな力をもち、神を冒とくするほどのものであることをほのめかしています。とはいえ、竜も神の支配のもとにあるのですが。この竜が何者かはすぐには明かされません。人類の歴史で、特に組織とか権力の中枢など、人々の生活に大きな影響を与えるものに忍び込んで人を惑わすものです。

子を産もうとしている女の前に立ちはだかり、産んだら、その子を食べようと構えている竜の背景には、エレミヤがエルサレムの唇にのせている次の言葉を見ることができます。「バビロンの王ネブカドネツァルはわたし（エルサレム）に食いつき……竜のようにわたしをのみ込み……」（エレミヤ51・34）。サタンと人間の悪意をひっくるめた奇怪な力の総合が「女」の出産に反対し、その実を亡きものにしようとします。これらのしるしが交錯してシンボルはますます複雑になっていきます。先に集会が抱いた「いったいこの子はだれだろう」という疑問はいっそう切実な問いとなってきます。出産は何を意味するのでしょうか。たいへんな反対を受けながら生まれてくる子はいったい何者なのでしょう。

女は男の子を産んだ（12・5）

5 女は男の子を産んだ。この子は、鉄の杖ですべての国民を治めることになっていた。子は神のもとへ、その玉座へ引き上げられた。

「女は男の子を産んだ」という表現は、日本語で読めば何の変哲もない言葉なのですが、原文には、読む人をはっとさせるような単語が見られます。５節を原文の順序に並べるなら次のようになります。

女は　産んだ　男児を（ヒィオン男性目的格）男性を（アルセン中性目的格）。

男児のことを男性といいかえているだけなのに、どうして中性目的格で表現したのでしょうか。学者によってはこの事実のうちに、この男の子が包摂する両極性、あるいは二重の意味を表していると解釈します。男児は一方では確かに具体的な一人の男の子を意味しているのですが、それを「男性」といいかえるさいに、男性形ではなく中性形で表現することにより、この具体的男児からもっと象徴的な男児に焦点をあてようとしているのです。

七十人訳イザヤ書は有名なインマヌエルの預言のなかで、「彼女は一人の男児（ヒィオン）を産むだろう」（7・14）と記していますが、別のところでは、シオンについて語りながら、「陣痛の起こるまえに男性（中性目的格）を産み落とした」（66・7）と述べます。今読んでいる黙示録のテキストには、この男児という語と男性という語が同一人物について用いられ、女から生まれる者にあてはめられています。まず、イザヤ書7章の男児は何者か、また66章の「男性」は何者かを、それぞれの文脈のなかで見ていきましょう。

イザヤ書7章14節の男児

イザヤ書7章には、イザヤが不信の王アハズに神からのしるしとして一人の男の子の誕生を告げる場面があります。ときは紀元前八世紀、征服欲旺盛だったアッシリア王ティグラトピレセルの死後まもないころのことです。彼の後継者が東の方での勢力を確立するのに力を注いでいるすきをねらって、アッシリアの属国だったシリアの王レツィンとイスラエル（北王国）の王ペカは、近隣の小国をそそのかして反アッシリア同盟を結成し、ユダ（南の王国）にもその同盟に加わるように強く迫りました。ユダの王アハズは目先が利いたので、そのような小国の同盟ではとうていアッシリアに太刀打ちできないと読んで、同盟に加わることを拒みました。そこでシリアとイスラエルが手を組んでユダに攻め上るというニュースがエルサレムにとどきます。紀元前七三三年のことです。イザヤ書7章は「王の心も民の心も、森の木々が風に揺れ動くように動揺した」と、当時のユダの国の動揺を伝えています。そのような状況のもとで預言者イザヤが主の霊を受けてユダの王のもとに現れます。預言者は、王に向かって「シリアの王やイスラエルの王は恐れるに足りない。彼らはあなたに対して災いをはかり、ユダに攻め上ってアハズを倒し、代わりに傀儡《かいらい》政府を立てようといっているが、そのようなことは起こらない。神はこういっておられる。落ち着いて静かにしていなさい。恐れることはない。アラムを率いる王レツィンとイスラエルの王ペカが激しても、なんということはない。彼らは燃えさしの切り株みたいなもの、もうその滅びは時間の問題なのだ。けれども、あなたたちももし信じないなら、立つことはできない。」そしてイザヤは続けました。「主であるあなたの神に、しるしを求めなさい。」

しかし、不信の王アハズは神に身を任せることを知りません。アッシリアに応援を頼めば、自滅の道を開くことには思い至らず、神により頼むよりもむしろアッシリアの応援を頼むつもりなのです。そこで、彼は敬虔を装っていいました。「わたしは、主を試すようなことはしたくありません。」こうして「しるしを求めよ」という神の命令に背いて、しるしを求めることを拒みました。そのとき預言者イザヤは王にいいました。

「ダビデの家よ聞け……わたしの主が御みずからあなたたちにしるしを与えられる。見よ、おとめが身ごもって、男の子を産み、その名をインマヌエルと呼ぶ」（7・14）。続いて、この子が物心つくころにはもうアハズの恐れる二人の王の領土は必ず捨てられる、ということが預言されます。以上のような文脈のなかでいわれた「見よ、おとめが身ごもって、男の子を産み、その名をインマヌエルと呼ぶ」という預言の「男の子」はいったいだれなのでしょうか。文脈上たぶんアハズ王の妃から生まれる王子を意味します。したがって黙示録との関連で、注目したいのは、イザヤ書7章14節の男児は具体的な一人の男児を意味しているということです。

イザヤ書66章7節の男性

次にイザヤ書66章7節を見ましょう。引用テキストの直前には裁きの言葉があり、66章7〜14節は民の再生について語っています。

7 産みの苦しみが臨むまえに彼女は産み
陣痛の起こるまえに男性を産み落とした。

（この男性はヘブライ語テキストではザカル、七十人訳は黙示録の問題のテキストと同じくアルセンと訳しています。新共同訳は、男の子）。

8 だれがこのようなことを聞き
だれがこのようなことを見たであろうか。
一つの国が一日で生まれ
一つの民が一度に生まれ得ようか。
だが、シオンは産みの苦しみが臨むやいなや、子らを産んだ。
9 わたしが、胎を開かせてなお
産ませずにおくことがあろうか、と主はいわれる。
子を産ませるわたしが
胎を閉ざすことがあろうかと
あなたの神はいわれる。

先にもいったように、ここで生まれる男性は7章の場合のような具体的な一人の男児ではなく、もっと広がりのあるものです。

今黙示録の著者は、「女は男の子（ヒィオン）を産んだ。この子（アルセン）は、鉄の杖をもってすべての国民を治めることになっていた」と述べて、同じ人物を男児とも男性（中性形）とも呼んでいます。

黙示録の男の子＝男性はいったいだれでしょうか。著者は第三のヒントとを与えてくれます。「この子は、鉄の杖ですべての国民を治めることになっていた」（12・5）と。これは詩編2の「おまえは鉄の杖で彼らを打ち……」（9）を想起させます。このテキストは初代教会で広くメシア的に解され、キリストにあてはめられていました。黙示録でもほかに二回（2・27、19・15）引用されています。ティアティラの教会にあてられた手紙のなかでは、復活されたキリストが、自分に忠実な者に向かって、決定的な終末のとき、ご自分が父から受けた万国万民に対する権威に、彼らをあずからせようといわれる文脈のなかで用いられています。

19章15節の場合は、終末における悪に対する勝利がクレッシェンドで進められているさなか、天軍の参加のもとにキリストが勝利を博するという文脈のなかで「この方の口からは、鋭い剣が出ている。諸国の民をそれで打ち倒すのである。また、みずから鉄の杖で彼らを治める」とあります。

今問題にしている12章5節を以上の二例と比べるなら、12章の場合には少し状態が違っています。先の二例では「鉄の杖をもって治める」と動詞が現在形であるのに対し、ここでは「治めることになっている」と婉曲《えんきょく》的な未来法が用いられています。19章15節では鉄の杖で彼らを治めるといわれているのは白馬の騎手で、後ほど詳しく見ますが、明らかにキリスト自身について「みずから鉄の杖で諸国民を治める」と述べられています。2章27節の場合は、キリストに忠実を尽くした者についていわれているのであり、キリストが父から受けて所有しておられる万民に対する権威にあずかって、彼らも諸国民を治めることが述べられています。12章の場合、この子は、今ではなく、やがて「鉄の杖ですべての国民を治めることになっている」と述べられていますから、時はまだ最終的な終末以前のことです。12章で「女から生まれる男の子」とも「男性」とも呼ばれているこの人物像は何者かが、少しずつ浮き彫りにされてきます。まさにこの決定的終末の訪れるまえの時代に、神の民という女性から、したがってヨハネに耳を傾けている者たちからも、将来救いの歴史を完結する「あるキリスト」が生まれるのです。この男の子はキリストですが、教会が歴史をつうじて産んでいくキリストであることがわかります。女、すなわち神の民である教会は、苦しみつつ歴史の過程をつうじてキリストを産んでいきます。このキリストは今ではなく、救いが絶対的に完成される究極的な終末に鉄の杖をもって治めるはずなのです。

解読に努めているグループは、もうすでに終末時代は決定的に始まったことを知っています。しかし黙示録はそれ以上のことを告げます。きてくださるキリストを産むということを教会にゆだねるというのです。旧約時代の神の民は、歴史のなかに救いを産まねばなりませんでした(前掲イザヤ66・8参照)。新約の共同体はいささかの断絶もなしにこの仕事を受け継ぎ、歴史のなかにキリストを産み続け、世に与え続けなければならないのです。つまり神の民=教会は歴史的次元にキリストを体現し、歴史のなかに神秘的なキリストを産んでいかなければならないのです。このキリストは確かに教会の産む子ではあっても母と子の関係を越えるものです。

このような表現は、表現としては黙示録だけのものですが、新約の用語や神学に無縁のものではありません。エフェソ書の4章13節に「ついには、わたしたちはみな、神の子に対する信仰と知識において一つのものとなり、成熟した人間になり、キリストの満ちあふれる豊かさになるまで成長するのです」とあります。パウロはガラテヤの教会にあてた手紙のなかで、「わたしの子供たち、キリストがあなたがたのうちに形作られるまで、わたしは、もう一度あなたがたを産もうと苦しんでいます」（4・19）と述べています。

パウロのようにわたしたちも、すでに教会のなかに生きておられるキリストを、自分の生きている今日という日に、目に見える形で表現するための陣痛の苦しみを経なければならないのです。こうして歴史の終わりに救いを完成される、あの全キリストを形作るのに貢献するよう召されているのです。わたしたちは苦労しながら、一日一日とキリストを産んでいかなければならないのです。そしてそれは、神の民が何かの善を実現するとき、それが目に見えるものか否かを問わず、いつも少しずつ行われていくのです。隠れた善、評価される善、されない善、すべての善がこれに貢献します。教会が苦労して産むこれらいっさいはキリストの満ち満ちた身丈に達するのを助けるのです。

ヨハネに耳を傾ける者たちは、自分の生活のあらゆる些事に至るまでを価値あるものとするこの展望を前に、魅了されてしまいます。パウロが自分自身についていっていると同じように、ヨハネの預言に耳を傾けるグループも、この女性のうちに自分自身を見いだします。各時代の教会は、刻々とキリストの歴史的表現を実現できます。自分たちの生きている歴史のなかに、自分たちのキリストを、陣痛の苦しみに耐えながら産み落とさなければならないのです。教会が日々このようにして生きることにより、歴史の終わりには救いの全き実現である全キリストが形作られるでしょう。

神の民＝教会は伝えなければいけないキリストを胎のなかにもっています。はらんでいます。産むとはそのキリストを自分の存在をもって伝達すること、分かち合うことで、それはとてもむずかしいことです。けれどもこの困難にもかかわらず、ヨハネの聴衆はキリストを歴史のなかに産み落とすことをあきらめたりはしません。これはわたしたち日本の教会の姿でもあるのではないでしょうか。日本の教会も今その無力さを痛切に感じながらも、自分のキリストを、この日本の今という歴史のなかに産み落とそうと決意し、陣痛の苦しみのなかでその決意を守ろうとしています。黙示録では女は陣痛のなかで苦しみのあまり叫び声をあげながらも産み落とします。

こうして表現されたキリストは、確かに共同体から出たもの（男児＝ヒィオン）ではありますが、同時に固有の力をもっていて、共同体が避けがたく負っている限界を越えることのできるもの（アルセン）です。そして最終のときに救いの歴史的完成を達成するでしょう。

ヨハネの言葉に耳を傾ける者たちにとって、まだ問題が残ります。わたしたちが善を打ち立てようと努力していろいろと試みるとき、これに反対する巨大な力の前にはわたしたちの力など、いったい何だろうという問いが浮かんでくることがあります。飢餓の問題、堕胎問題や人命軽視、人種差別、性差別、金権政治、環境汚染……ただ力を比較するだけなら、悪の力のほうがはるかに大きいのではないでしょうか。組織された暴力の前に善への小さな試みはいったいどんな意味をもつのでしょう。毎日の努力でキリストを産むということ、終末に決定的に悪を壊滅させるはずの成長過程にあるキリストを産んでいくというのは幻想ではないのか、ことに今日悪の力はこれほど大きく、教会には罪をも含めたこれほどの限界があるのに……。確かに、わたしたちが無縁ではあり得ない非常に大きな政治的経済的巨大な機構のなかにどうしようもなく絡んでいる悪、貧困の問題、環境破壊、差別問題、戦争などということの前に、キリストの歴史的表現はあまりにも小さく見えます。このような問題の前に、わたしたちが自分の生きている歴史のなかで体現できるキリストは、それらの悪に比べて釣り合いがないほど小さく見えます。竜は神の民＝教会に恐怖をさえ覚えさせます。

しかし、ここで予測もできない神の介入があります。彼女の「子は神のもとへ、その玉座へ引き上げられた」（5b）「子」は、ここでは先の「男の子＝ヒィオン」ではなく、テクノンという別の単語が使われています。テクノンとはまさに「分娩《ぶんべん》された者」の意です。分娩するという動詞から派生した名詞です。しかもここで著者は「彼女の子、つまり彼女の産んだ者は、神のもとに、その玉座に運び去られた」と述べています。玉座は黙示録をとおして、歴史のなかに発揮される神の全能の支配のシンボルです。女のシンボルのもとに描かれた教会が産み出すことに成功したキリストは歴史のなかに働く悪に比べればもろく、弱く、不完全であるとしても、けっして失われてしまうことも押しつぶされてしまうこともありません。神が全能の力をもって竜の目前から奪いとり、ご自分のもとに引き上げてくださるのです。

終末は始まったとはいえ、決定的な終末に向かっての途上にある教会は、自分たちが日々産み出すポジティブなものは、今からすでに神の領域に運ばれていることを知ります。厳密な意味での終末に、救いのみわざの結論が出されるとき、キリストはすべての悪をなきものとなさるでしょう。そのときキリストはすべての民を治められるでしょう。そこで識別と解釈に励むグループに二つの展望が開けてきます。

⑴自分の生きている歴史的な瞬間に自分のキリストを表現し、コミュニケートするため（福音を体現するために）自分のできる善を精いっぱい実現しようという責任

⑵ネガティブな力の圧迫がどんなに強く感じられても、キリストは必ず終末に歴史的にも勝利を得られる、悪は壊滅するということを垣間見ることができます。

教会が表現できる善は、教会が生きている環境に比べてみると非常に限られたものであり、外見的にはあまり価値のないものと映るとしても、それらの善は確かに成長しつつあるキリストに属し、けっして失われることがありません。著者は、大胆なイメージを使って、教会が陣痛の苦しみを経て産み出す実は、神のみもとに伴われ、神のご保護のもとに安全に確保されるといいます。人間のどんな力も、悪魔のどんな力もこれを損なうことはできません。

荒れ野での信頼に満ちた歩み　12章6節

6 女は荒れ野へ逃げ込んだ。そこには、この女が千二百六十日の間養われるように、神の用意された場所があった。

「女」は荒れ野に逃げます。旧約聖書に見る荒れ野は非常に豊かな意味をもつシンボルです。旧約聖書の伝統のなかには、特に民が試練にあって不誠実に陥った場という意味と、神と民との間の理想的な愛が実現した場（初恋の場）の二つの意味が与えられています。黙示録の著者は荒れ野というシンボルに固有の意味を与えています。

荒れ野はまず、竜というシンボルに具現されている悪魔的な敵の圧力によって引き起こされる試練のときとして現れます。次に神の民＝教会という女性のために神が用意してくださった場所です。荒れ野は逃れ場であり、神の保護のあるところ、自己を吟味し清める場、困難のさなかにあって愛を生きる場として示されています。

以上ヨハネに耳を傾ける地域教会の人々とともにたどってきた12章1〜6節の解読では、そこにマリアを見いだすことはできませんでした。けれども教会の伝統がいつも大切にしてきたマリアの問題に一言も触れずにこの章を閉じることはできない気がします。ヴァンニも科学的な釈義からは12章の女性にマリアを見ることはできないと判断しています。けれども彼は、12章の釈義を結ぶにあたって、黙示録12章とマリア論との関係について以下のことを付記してい

ますので、それを左に翻訳引用してこの項を閉じたいと思います。（"*L'Apocalisse*" 251ページ）

以上の結論（訳注 すなわち「女」は神の民＝教会であるという結論）には説得力があり、それぞれ理由を異にするにせよ、大多数の聖書研究者たちが賛同しているということをはっきり再確認したうえで、マリア論に向けての一歩を踏み出す必要があるのではなかろうか。

黙示録のシンボルは、固有の内容のほかにも、解読に励む教会共同体が脳裏に描き、思い巡らし、望んでいることを再発見し言語化するための呼び水となるような力をも備えている。黙示録はマリアのメシア的母性について何も教えていないが、今かりに、解読を続けてきた教会共同体が、マリアにメシア的母性の役割があることをすでに知っているとしよう。その場合、黙示録（12章）のシンボルは、解読する教会がそれを想起し味わうのを助けるのである。このようにして、命を生み出す神の力に近いという意味で「身に太陽をまとう女性」を思いながら、教会はルカがさし示すような神とのえもいわれぬかかわりにあるマリアの姿を思い描くよう、促されることがあろう。陣痛の激痛は十字架の傍らで、マリアが教会の母としてのメシア的使命を受けられたヨハネ19章25～27節の場面を想起させてくれるかもしれない。

「イエスの十字架のそばには、その母……が立っていた。イエスは、母とそのそばにいる愛する弟子とを見て、母に、『婦人よ、ごらんなさい。あなたの子です』といわれた。それから弟子にいわれた。『見なさい。あなたの母です。』そのときから、この弟子はイエスの母を自分の家にひきとった。」

荒れ野で過ごすしばらくの時（黙示12・6参照）は、イエスの公生活の間に、マリアが乗り越えた苦悩をとおしての成熟に思いいたらせてくれることもできよう。

こうしてわたしたちは、黙示録からヨハネのサークル（第四福音書、ヨハネの三つの手紙、黙示録からなる一連の作品）の文脈に分け入ることになる。福音書から浮き彫りにされるマリアの姿と黙示録12章1～6節から浮かび上がる女性＝神の民＝教会とを入念に比較するなら、マリアと教会との継続関係ばかりか、相関性をさえ意識するのを許容できるだけでなく、促すとさえいえるのではなかろうか。マリアは教会と関係づけられているゆえに、あの「女性」であり、教会がキリストに対して母性をもっているのはマリアに関連づけられているからである。このテーマはさらに深める必要がある。

◆天上での竜とミカエルとの戦い　12章7～12節

7 さて、天で戦いが起こった。ミカエルとその使いたちが、**竜**に戦いを挑んだのである。**竜**

とその使いたちも応戦したが、[8]勝てなかった。そして、もはや天には彼らの居場所がなくなっ
た。[9]この巨大な竜、年を経た蛇、悪魔とかサタンとか呼ばれるもの、全人類を惑わす者は、
投げ落とされた。地上に投げ落とされたのである。その使いたちも、もろともに投げ落とされ
た。[10]わたしは、天で大きな声が次のようにいうのを、聞いた。

「いまや、われわれの神の救いと力と支配が現れた。
神のメシアの権威が現れた。
われわれの兄弟たちを告発する者、
昼も夜もわれわれの神のみ前で彼らを告発する者が、
投げ落とされたからである。
[11]兄弟たちは、小羊の血と
自分たちのあかしの言葉とで、
彼に打ち勝った。
彼らは、死に至るまで命を惜しまなかった。
[12]このゆえに、もろもろの天と、
そのなかに住む者たちよ、喜べ。
地と海とは不幸である。
悪魔は怒りに燃えて、
おまえたちのところへ降っていった。

残された時が少ないのを知ったからである。」

◆天上での戦いに破れた竜に襲われそうになった女性は荒れ野に逃れる　12章13〜18節

13**竜**は、自分が地上へ投げ落とされたとわかると、男の子を産んだ**女**の後を追った。14しか
し、**女**には大きな鷲《わし》の翼が二つ与えられた。荒れ野にある自分の場所へ飛んでいくためである。
女はここで、蛇から逃れて、一年、その後二年、またその後半年の間、養われることになって
いた。15蛇は、口から川のように水を**女**の後ろに吐き出して、**女**を押し流そうとした。16しか
し、大地は女を助け、口を開けて、**竜**が口から吐き出した川を飲み干した。17**竜**は**女**に対して
激しく怒り、その子孫の残りの者たち、すなわち、神の掟を守り、イエスのあかしを守りとお
している者たちと戦おうとして出ていった。18そして、**竜**は海辺の砂の上に立った。

黙示録12章7節以降が示す戦いの続く間、教会はこの荒れ野が自分の日常の生活の場であることを知らなければなりません。荒れ野を自分の日常の生活舞台とするということは、人がそのつどおかれている状況に従って、神の道からそれないようにとの心遣いを意味することもあれば、歩みを進めていくさいの苦労のさなかにあっての希望と信頼を意味することもありましょう。試練や迫害からやってくる困難のなかで自己の真正さを識別することを意味する場合もあるでしょう。けれども、何よりも荒れ野とか砂漠が暗示する「不可欠のものだけが与えら

れる場」ということから、絶対的で徹底した愛を表現すべき場でもあります。

神はご自分のほうから先にご自分の民であるこの女性＝教会を愛してくださいました。彼女に最良のものを与え、すでに今から最終的勝利の冠を確保し、歴史のなかで成長していくキリストを表現することさえ許され、試みの期間の続くかぎり心づかいをもって見守ってくださいます。かつて荒れ野の旅路で民が糧に欠けることを許されなかったように（出エジプト16章）、またエリヤを必要な糧で養ってくださったように（列王上17・1～7）、またそこで神がイスラエルに初恋のころの純粋さをとりもどさせようとされたように（ホセア2・16～18）、今もけっして必要不可欠のものに不足することはないでしょう。み言葉と聖体、その他の糧に欠けることはありません。

なお、ここでも「一年、その後二年、またその後半年の間」（14）という数字は三年半にあたり、完全を表す七の半数、いわゆる「短い時」つまり神に逆らうネガティブなもろもろの力がその活躍を許されている限られた期間ということを強調しています。

海からの獣と地からの獣　13章

13章は相次いで登場する海中からと地中からの二匹の怪獣を中心として、一つの物語の形にまとめられています。まず1節から10節までに第一の獣、続く11節から18節までに第二の獣が登場します。シンボルを解いていくと、二匹の獣は竜の配下にあるもので、第一の獣は国家を礼拝の対象とすることを強制する国家権力、第二の獣はそのような国家を支持し、あらゆるプロパガンダの手段をもって喧伝する者を象徴しています。

◆海から上ってくる第一の獣　13章1〜8節

[1]わたしはまた、一匹の獣が海のなかから上ってくるのを見た。これには十本の角と七つの頭
があった。それらの角には十の王冠があり、頭には神を冒とくするさまざまの名が記されてい
た。[2]わたしが見たこの獣は、豹《ひょう》に似ており、足は熊の足のようで、口は獅子の口のようで
あった。竜はこの獣に、自分の力と王座と大きな権威とを与えた。[3]この獣の頭の一つが傷つ
けられて、死んだと思われたが、この致命的な傷も治ってしまった。そこで、全地は驚いてこ
の獣に服従した。[4]竜が自分の権威をこの獣に与えたので、人々は竜を拝んだ。人々はまた、
この獣をも拝んでこういった。「だれが、この獣と肩を並べることができようか。だれが、この
獣と戦うことができようか。」
[5]この獣にはまた、大言と冒とくの言葉を吐く口が与えられ、四十二か月の間、活動する権
威が与えられた。[6]そこで、獣は口を開いて神を冒とくし、神の名と神の幕屋、天に住む者た
ちを冒とくした。[7]獣は聖なる者たちと戦い、これに勝つことが許され、また、あらゆる種族、
民族、言葉の違う民、国民を支配する権威が与えられた。[8]地上に住む者で、天地創造のとき

から、ほふられた小羊の命の書にその名が記されていない者たちはみな、この獣を拝むであろう。

海とか深淵は、聖書に限らず中東古代世界ではネガティブな力の潜む場のシンボルです。昔の中東の人々にとって、海は人の力を越える不気味なものに思えたのでしょう。海は同時に原初の混沌も意味します。聖書も表現形式においてはある程度中東の神話の影響を受けているので、海にはネガティブなイメージがあります。メソポタミアその他の中東世界で海は主神に抵抗する勢力の住みかと考えられ、そこに竜が住んでいるとも伝えられていました。

12章で見たとおり、竜、サタンは女（神の民＝教会）を滅ぼせなかったので、海からその手下である一匹の獣を呼び出します。この獣の描写はダニエル書7章3節以下の象徴を参考にして描かれていると思われます。ダニエル書では獅子、熊、豹、十本の角のある獣と四頭の獣ですが、ヨハネはダニエル書の第四の獣を本体として、それに獅子、熊、豹の特徴も併せ、一体の獣にしています。この獣はたぶん11章7節の底知れぬ淵から上ってくる獣と同じで、超人的でネガティブな力をもっています。それがどのような動物だったかを思い描くのはむだで、著者がいいたいのは、第一の獣はダニエル書7章に出てきた獣たちをひっくるめて一つにしたようなものだということです。ヨハネに耳を傾けている者たちは、たぶんダニエル書の物語を知っており、この四頭の怪獣が結局は人の子のような者に退治されることも知っていたでしょう。

紀元前二世紀のユダヤ人がダニエル書7章2〜7節を読む場合、容易にシリアの王アンティオコス四世を思い描くことができたように、右の5〜7節の獣の描写に耳を傾ける一世紀末の教会は、十の王冠（ディアデマ）にローマ皇帝によって行使される権力の象徴を、七つの頭にローマの七つの丘や皇帝たちを、十本の角にローマ帝国の支配下にある十人の王たちを思い描くことが容易にできたと思います。

なお、3節の「この獣の頭の一つが傷つけられて、死んだと思われたが」という箇所については、ネロの再来にまつわる伝説も想起する必要がありましょう。ローマの名門出身のネロは、キリスト教会を迫害しただけでなく、かなりの暴君だったため、民衆の支持を失い、失意のうちに紀元六八年に自殺しました。ネロは生前現在のイランに繁栄していた騎馬民族の国パルティアと友好関係にありました。そこで、ネロはみずから命を絶ったわけではない、実はパルティアに身を寄せていて、いまに報復のため帰ってくるという伝説が、死後かなり経ってもなお盛んでした。3節の陰にこのような伝説を見るのはあたっているかもしれません。「竜が自分の権威をこの獣に与えたので、人々は竜を拝んだ」（4）に、皇帝崇拝の始まりの象徴を見ることができます。ともかく、この海から上がってきた獣の威力は、著者の同時代には、教会の迫害者だったローマの皇帝たちのうちに具現されていたでしょうが、ダニエル書の場合と同じように、著者は怪獣というシンボルを用いることによって、いつの時代の暴君にも適用できるものとして描き上げています。

5節に、与えるという動詞が二回受動態で用いられていますが、これはまえにも述べたことのある神のわざを婉曲に示す受動態です。一見獣が支配権を握っているようでもその歴史の流れをさらに高次の次元から支配しておられるのは神であることが暗示されています。

◆知恵文学的な勧告　13章9～10節（U.Vanni "*L'Apocalisse*" 66～68ページ参照）

第一の獣と第二の獣の紹介の中間、13章9節から10節に、以下の勧告がはめ込まれています。

9 耳ある者は、聞け。
10 捕らわれるべき者は、
捕らわれてゆく。
剣で殺す者は、剣で殺されなければならない。（新共同訳　剣で殺されるべき者は、剣で殺される）ここに、聖なる者たちの忍耐と信仰が必要である。

著者はここでふたたび、自分に耳を傾けている教会に語りかけています。七つの手紙に記されていた回心の歩みも、右の9節によく似た、「耳ある者は〝霊〟が諸教会に告げることを聞け（新共同訳　聞くがよい）」という命令形で終わっていました。七つの手紙をとおしてキリストの力ある命令に動かされて回心し、刷新されたヨハネの聴衆たちは、黙示録第二部の歩みを始め、今その歩みのただなかでこの言葉に出会います。今から語られることは、霊が諸教会に告げることであるのが明らかにされます。ヨハネは歴史に秘められている神の深遠な道を示す権威をキリストからゆだねられているのです。

10節の言葉を解釈するために、この言葉のバックにある二つのエレミヤの言葉を読んでみましょう。一つは紀元前六世紀、バビロン捕囚を目前にして風前のともしびのようなエルサレムでのことでした。都の滅亡の危機を前にしてうろたえ、エレミヤに向かって「いったいわたしたちはどこへ行けばよいのか」と問うエルサレムの人々に、主がエレミヤの口をとおして告げられた言葉です。

彼ら（＝エルサレムの住民）があなたに向かって、「どこへ行けばよいのか」と問うならば、彼らに答えていいなさい。

「主はこういわれる。
疫病に定められた者は、疫病に
剣に定められた者は、剣に
飢えに定められた者は、飢えに
捕囚に定められた者は、捕囚に。」（エレミヤ15・2）

民はこの主の言葉を受け入れず、捕囚の難を逃れることのできた者たちさえ、バビロンの王がユダの上に立てた総督ゲダルヤを殺し、エジプトに逃れました。そのときエレミヤもむりやり彼らによってエジプトに同行させられるのですが、その地でふたたび主の次の言葉が彼に下ります。

「彼（バビロンの王ネブカドネツァル）はきて、エジプトの地を撃ち、疫病に定められた者を疫病に、捕囚に定められた者を捕囚に、剣に定められた者を剣に渡す。」（エレミヤ43・11）

今ヨハネは迫害の危機にある教会に語っているので、関心のある剣と補囚だけをとりあげていますが、その順序を逆にし、補囚を先にしてその後に剣をおくだけでなく、剣の場合は殺すがわのことを語り、迫害する者は結局それ相応の罰を受けるという意味に変えています。エレミヤの言葉を借りながら、その意味を裏返しています。

こうして聖霊を介して、神は、ご自分の計画の「神秘」をキリストをとおしてしもべである預言者たちに伝え、彼らをとおして信徒たちにお伝えになります。そこから、聴衆のあり方や活動にかかわる重大な結論が引き出されます。聴衆は聖霊にみずからを順応させるほど、聖霊に開かれた自由な者であろうと心しなければならないのです。そうすれば具体的に「聞く」という態度に徹し、ヨハネの伝える象徴的な幻をとおして聖霊が教会に送るメッセージを解読することができるでしょう。さらに解読したことを首尾一貫した態度で受け入れ、現実に迫っている苦難に勇気と忍耐をもって直面する覚悟を決めることができるでしょう。

これを踏まえてもう一度黙示録13章9～10節にもどると、その意味がいっそう明らかになります。ヨハネに耳を傾けている人々は、たとえ抑圧され、牢に入れられ、最悪の場合死刑に処せられるとしても、それらもまた主が容認なさったことで、主はそのようなことにもかかわらず救いを完成に導かれるということを、今彼らは悟り、その結果を受け入れるのです。黙示録のこの時点、第一の獣が登場する試練のとき、神の計画をありのままに受け入れるという最も基本的な価値が明らかにされます。教会は、たとえ第一の獣登場の場面（13・5〜8）のような苦難が現実となっても、みずからの具体的選択として、忍耐と信仰を選ぶ力をいただくことができるでしょう。

黙示録にとって、キリストの勝利はキリストが受難を忍び、ほふられて死んだ事実からなりたっています（5・6、9参照）。彼の救いの力も、敵対するいっさいの力を超克する能力もそこにあります。神に敵対する力に対して、人間を真実の意味での勝利者とする力は、まさにキリストの受難と死の忍び方からくるのです。「兄弟たちは、小羊の血と自分たちのあかしの言葉とで、彼（彼らを告発する者）に打ち勝った」（12・11）とあるとおりです。主の受難にしっかり根ざすなら、聖徒たちの悪に対する勝利は歴史のなかで根づいていくでしょう。そして七つの手紙の最後（3・21）に記されたキリストの積極的な約束、神の救いの意志が世界にしみわたるために、キリストとともに貢献する働きに参加させていただく望みも励まされるのです。

自己を神格化する国家がキリスト者に対して行う厳しい迫害を前にして、解読に励む教会は、神の知恵に照らされた反省をすることによってシンボルを解きながら、聖なる人々がたとえ敗北者と見えても、最終的にはその信仰と忍耐によって真の意味の勝利者となることを悟り、みずからもそのように生きるよう招かれていることを改めて自覚するのです。

◆地中から上ってくる第二の獣　13章11～17節

[11]わたしはまた、もう一匹の獣が地中から上ってくるのを見た。この獣は、小羊の角に似た
二本の角があって、竜のようにものをいっていた。[12]この獣は、先の獣がもっていたすべての
権力をその獣の前で振るい、地とそこに住む人々に、致命的な傷が治ったあの先の獣を拝ませ
た。[13]そして、大きな**しるし**を行って、人々の前で天から地上へ火を降らせた。[14]さらに、先
の獣の前で行うことを許された**しるし**によって、地上に住む人々を惑わせ、また、剣で傷を負っ
たがなお生きている先の獣の像を造るように、地上に住む人に命じた。[15]第二の獣は、獣の像
に息を吹き込むことを許されて、獣の像がものをいうことさえできるようにし、獣の像を拝も
うとしない者があれば、皆殺しにさせた。[16]また、小さな者にも大きな者にも、富める者にも
貧しい者にも、自由な身分の者にも奴隷にも、すべての者にその右手か額に刻印を押させた。
[17]そこで、この刻印のある者でなければ、物を買うことも、売ることもできないようになった。
この刻印とはあの獣の名、あるいはその名の数字である。

第二の獣は後ほど16章13節などで偽預言者と呼ばれるもので、第一の獣の味方としていろいろな宣伝活動をして人々を惑わします。「小羊のような二本の角がある」というのは、小羊キリストを装いさまざまな奇跡めいたことを行って、第一の獣を神と思い込ませるというような意

味があるでしょう。第一の獣がむしろ政治的面で働くとすると、その子分である第二の獣の活動は、総じて奇跡めいたことや偽の預言などで人々を宗教的に惑わす働きです。

◆知恵文学的な勧告　13章18節（U.Vanni *"L'Apocalisse"* 67ページ参照）

18 ここに知恵が必要である。賢い人は、獣の数字にどのような意味があるかを考えるがよい。数字は人間をさしている。そして、数字は六百六十六である。（新共同訳）

18 ここに（ホーデ）知恵（ソフィア）がある。理性（ヌース）をもっている者は、獣の数を計算せよ。それは人間の数であり、その数は六百六十六である。（佐竹明　訳）

13章9～10節で中断された物語は11節から続けられましたが、ふたたび18節で中断されています。

ヨハネは聴き手を励ましていいます。「あなたたちには役立てるために与えられている知恵という可能性がある。それはあなたたちが現実に生きている歴史の出来事の解釈に役立てるためのものなのだ。そして役立てるべき時がくる。」この時点まで、さまざまな象徴をもって獣について語られてきました。今、黙示録のこの点に至って、聴衆は今までシンボルをもって語られてきた獣について次の判断を下すことができるはずであると著者は呼びかけています。「あなたたちは、自分たちの生きている歴史の地平にいるその獣がだれか判別できるか、いればどこに、どのような姿でいるのかを識別しなさい。六百六十六という数が象徴する名を解いて見よ。その数は人間を表している。獣という名で象徴された人物があなたたちの生きている現実の歴史のなかにいるのだ。探しなさい、人を表す数なのだから」と、ヨハネは挑発的に畳みかけています。そして聴衆に解読のサンプルを与えるために、前述のとおり実在した周知の皇帝ネロの数字を上げています。著者は読者が誤解しないように、その名を数字で表します。ネロとではなく、六百六十六という象徴的数値で示すことにより、この獣はいつどこにでも存在しうる普遍的なシンボルであることをほのめかしているのです。

新しい歌　14章1〜5節（U.Vanni “*Apocalisse*” 110〜115ページ参照）

13章では女＝神の民＝教会にひどい危険と困難が迫っていることが描かれていました。そこで当然、はたして神の民はそれに耐えられるだろうかという問いが生まれてきます。ヨハネは14章でその問いに答えようとしています。

14章1〜5節は「三つのしるし」の部の中間、つまり、女と竜（12・1〜7）と、最後の七つの災いを携えている七人の天使の記事の中間に位置し、この五つの節は濃密で暗示に富むメッセージを含んでいます。

1
また、わたしが見ていると、見よ、小羊がシオンの山に立っており、小羊とともに十四万四千人の者たちがいて、その額には小羊の名と、小羊の父の名とが記されていた。
2
わたしは、大水のとどろくような音、また激しい雷のような音が天から響くのを聞いた。わたしが聞いたその音は、琴を弾く者たちが竪琴を弾いているようであった。
3
彼らは、玉座の前、また四つの生き物と長老たちの前で、新しい歌のたぐいをうたった。この歌は、地上からあがなわれた十四万四千人の者たちのほかは、覚えることができなかった。
4
彼らは、女に触れて身を汚したことのない者である。彼らは童貞だからである。この者たちは、小羊の行くところへは、どこへでも従っていく。この者たちは、神と小羊にささげられる初穂として、人々のなかからあがなわれた者たちで、
5
その口には偽りがなく、とがめられるところのない者たちである。

最初の三節の描く場面は、まず地上で始まり、天に移行して神の超絶界にまで至り、ふたたび地上にもどってきます。この三つの相を追ってゆきましょう。幻を見たヨハネは、教会もそれを見るようにと誘いかけます。新共同訳はこの点が明らかではありません。ギリシア語の原文には「見た」という一人称単数過去形と、「見よ」という二人称単数命令形現在が使われています。ですからわたしたちもヨハネといっしょに見るように努めましょう。

最初の場面は視覚的に描かれています。まず場所の設定ですが、地上といっても無名の地で

はありません。聖なる都エルサレムの一角での出来事です。エルサレムでいちばん高い丘シオンは、さまざまな象徴を秘めています。詩編によれば、主がご自分の住まう場と選び、望まれたところです（詩74・2、132・13）。メシア待望の伝承によれば、シオンはメシアによって救われるだけでなく、彼が神の義を輝かすために訪れるはずの場でもあります。シオンが舞台として選ばれている意味を解くなら、聖なる場、世と人間とに深く結ばれていると同時に、神の臨在の豊かさを素直に受け入れる準備のある場と解せましょう。

そのような宗教的場に、十四万四千人の人々が小羊とともにいます。小羊は5章で「……ほふられたような小羊が立っているのを見た」（6）と紹介され、神の右の手にあった七つの封印で閉じられた巻物を開いて読むことを許された小羊キリストです（18～21ページ参照）。十四万四千というシンボリックな数字で特徴づけられた群れは、救われることによって神のあわれみと誠実を輝かした人々、預言者イザヤが「イスラエルの残りの者」と呼んだたぐいの人たちで、救いの歴史のそれぞれの時に、神とキリストに積極的にくみし、救いの歴史を推し進めるのに貢献している者たちです。作為的な数値十四万四千は黙示録のなかで特殊の意味を与えられています。イスラエルの民の象徴であるイスラエルの部族の数十二と新約の民を象徴している使徒の数十二の乗数にさらにキリストの時の象徴である千をかけた数なのです。この数はわたしたちに7章1～8節（116ページ参照）の刻印を押されたイスラエルの子らを想起させます。21章1節～22章5節（286、290～292ページ参照）の新しい天と地、新しいエルサレムを先どりする人たちです。
十四万四千人は、完全に、決定的に、父とキリストに属するグループです。彼らは父とキリストのみ名を額に記されています。額は人格を表し、刻印は帰属を明確に表すものです。13章で獣に属する者たちがその刻印を受けていたように、ここでは決定的に父とキリストに属する者がそのみ名の刻印を額に受けています。

2節では場面の描写は聴覚的なものに変わり、この世を越えた世界に移行します。旧約聖書で、大水のとどろきというイメージは、たびたび神の声を表すのに用いられていますから（エゼキエル1・24、43・2、詩77・19参照）このとどろく音も神の声と解することができます。「わたしが聞いたその音は、琴を弾く者たちが竪琴を弾いているようであった」（14・2b）とあるように、神の声はとどろき渡ってゆくうちに天上の典礼で演奏される音楽に変わっていきます。

神から出、天の音楽となって響き渡った声は最後に新しい歌となります。「彼らは、玉座の前、また四つの生き物と長老たちの前で、新しい歌のたぐいをうたった。」（14・3a）著者はここで歌の内容についてはまったく触れていません。「新しい歌を主にうたえ」という詩編のリフレーンが暗示しているように、この新しさは質的な新しさであり、メシアの刷新のみがもたらす新しさです。新約聖書、特に黙示録では、「新しい」（カイノス）はキリストのもたらす画期的な新しさを表現しています。新しい歌は本来天のものですから、神の超絶界においてしかその美しさを十分に発揮し得ませんし、味わうこともできません。それにもかかわらず、新しい歌は地上にさし向けられたものなのです。著者は象徴的な第三の場面でそのことを、「地上からあがなわれた十四万四千人のほかは、覚えることができなかった」（３ｂ）という形でいい表しています。彼らはまだ地上にいますが、父と小羊に似た者としていただいている関係で、地上につきもののネガティブなことからすでにあがなわれた者なのです。そのために彼らだけが、新しい歌の調べを味わい、そのメッセージを理解することができ、理解したことを消化して、やがて人々にも伝えるためにこの歌を覚えることができるのです。この象徴的情景を最初から見守り、解読に努めてきたヨハネの聴衆は「現実の教会生活のなかでどこにこの十四万四千人は実現しているのか」を見きわめる必要を感じます。

著者はこの十四万四千人を確認する作業を助けたいと望んでいます。そのために、凡例として、すでに教会のなかでこの十四万四千人の理想的な姿が現実となっている三つのカテゴリーを4～5節であげています。まず、この人々は「女に触れて身を汚したことのない者である。彼らは童貞だからである」とあります。これには、つまずきを感じる方があるかもしれませんが、旧約時代からのメンタリティーによれば、性交は、それが正当な関係であるか否かを問わず、祭儀上の汚れを負わすと見なされていました。こういう考えは日本古来の宗教にも物忌みとして残っています。著者はこの具体例から出発し、神以外のものを神の座に据えなかった者

(偶像崇拝に陥らなかった者)、あるいは自分のエネルギーをむだに拡散することなく、自分がまったく一体となる愛の対象として神しか選ばなかった者を意味して語っていると思われます。こういう愛を現実に生きる恵みを得るとき、万人をあるがままに愛する神に似た者とされたこの人は、あのマザー・テレサのように神に似た無条件の愛を命をかけて大切にするのです。

第二の特徴は、小羊の行くところにはどこにでも従っていくということです。黙示録ではキリストの後に従うという使徒的姿勢の大切さがたいへん強調されています。小羊＝キリストに従うということは、死を経て復活し、ご自分のメシアとしてのエネルギーのすべてを傾けて救いの歴史の発展に尽くすキリストに従い、そのみわざに参加することを意味します。キリストは救いを必要とする人のいるところ、また悪が暴力を振るうところにはどこにでも、神の救済の意志だけを携えてゆかれます。そのような方に出し惜しみを知らない応需性をもって、真心から従う人たちです。

著者が特別詳しく描写している第三のカテゴリーに属するのは、キリストにすべてをゆだね、命までささげる人、殉教者たちです。

しかし、この三つの具体例をもって強調している事実は、もっと大きなヴィジョンを暗示しています。もしキリストの啓示した福音を徹底的に受け入れ、熱意を傾けて愛を生きるなら、どんな生活も神と小羊にささげられた初穂となり得、今日の人々にもキリストの新しさを表す役割を果たすことができるでしょう。

集会は、この問いに明確な回答をするためには、自分たちが生きている歴史的な環境のなかで、十四万四千人の驚くべきスケッチが具体的に実現されつつあるかを真剣に省みる必要に迫られます。読者であるわたしたちも、自己の召命の価値をわきまえ、たえずこれを再確認し、自分のうちに潜む召命とは裏腹の虚偽を意識し、謙虚にゆるしを願いながら、父の愛の権化であるキリストの跡をひたすらたどり続けるなら、今日の人々にもキリストの新しさを表す役割を果たすことができるでしょう。

永遠の福音と終末の刈り入れ　14章6～20節

ここでは先の二匹の怪獣と関連する二つの光景が繰り広げられます。二つともの基調となっているテーマは、神が最終的に善と悪を区別なさるということです。最初の場面では三人の天使が相次いで介入し、善と悪の区別がなされます。天使はそれぞれ、永遠の福音、バビロンの滅亡、個々人の賞罰という固有のメッセージをもっています。第二のシーンには、キリストご自身と三人の天使が登場します。審判は穀物の刈り入れとぶどうのとり入れの二つのイメージのもとに提供されます。

◆永遠の福音と、それぞれのメッセージを携えた三人の天使　14章6～13節

6わたしはまた、別の天使が空高く飛ぶのを見た。この天使は、地上に住む人々、あらゆる
国民、種族、言葉の違う民、民族に告げ知らせるために、永遠の福音を携えてきて、7大声で
いった。「神を畏れ、その栄光をたたえなさい。神の裁きの時がきたからである。天と地、海と
水の源を創造した方を礼拝しなさい。」
8また、別の第二の天使が続いてきて、こういった。「倒れた。大バビロンが倒れた。怒りを
招くみだらな行いのぶどう酒を、諸国の民に飲ませたこの都が。」
9また、別の第三の天使も続いてきて、大声でこういった。「だれでも、獣とその像を拝み、
額や手にこの獣の刻印を受ける者があれば、10その者自身も、神の怒りの杯に混ぜものなしに
注がれた、神の怒りのぶどう酒を飲むことになり、また、聖なる天使たちと小羊の前で、火と
硫黄で苦しめられることになる。11その苦しみの煙は、世々限りなく立ち上り、獣とその像を
拝む者たち、また、だれでも獣の名の刻印を受ける者は、昼も夜も安らぐことはない。」12ここ
に、神の掟を守り、イエスに対する信仰を守り続ける聖なる者たちの忍耐が必要である。

6節の「地上に住む人々」と訳されている部分の原語は、正確には「地上に座る人々」です。この表現はここにしか見られません。著者は九回「地上に住む人々」という表現を用いていますが、いずれの場合も神に敵対する人々を意味します。ここでは神の福音はすべての人々を対象とすることが述べられているので、地上に「住む人々」とではなく「座る人々」といういっ

ぷう変わった表現を選んだものと思われます。（佐竹明『ヨハネの黙示録　下』266ページ参照）

天使は永遠の福音を携えてきた、とありますが、著者が福音という名詞を使っているのはここだけです。福音を形容している「永遠の」に注目しましょう。黙示録では永遠という言葉はほとんどの場合神と関連して用いられ、また始めも終わりもなくという意味よりはむしろ「今よりいつまでも」のニュアンスがあります。したがって、ここでも永遠の福音とは、「今実現し、これから後いつまでも続く」という意味合いを含むと同時に、13章で述べられていた当時世界に重くのしかかっていた例の獣の支配が、けっして永遠ではないことをほのめかしています。

永遠の福音の内容は7節に具体的な三つの命令形にまとめられ、理由も示されています。「神を畏れよ」「その栄光をたたえよ」「宇宙を創造された方を礼拝せよ」が内容であり、理由は主の裁きの時がきたということです。神の裁きの時がきたということがどうして福音であり得るのか、と疑問に思われる方があるかもしれません。けれどもユダヤの伝統では、福音（エヴァンゲリオン）のもととなったヘブライ語「よい便り」とは「審判のために神が訪れることを告げるニュース」でした。

8節では別の天使が、イザヤ書21章9節のバビロンに対する託宣を援用しながら、バビロンの終焉を告げます。これはやがて18章で歌い上げられるバビロンについての長い弔いの歌の内容の先どりとなっています。著者は旧約聖書、特にエレミヤ書（51・7〜8）を暗に利用しながら、バビロンをいつの時代にも存在し得る偶像崇拝の化身として描きます。黙示録でバビロンは、後で見る決定的な終末のとき天から下るエルサレム（21・9以下）の対極として描かれています。旧約聖書では偶像崇拝の祭儀や信心業が姦淫の行為として描かれているので、バビロンは神の怒りを招くみだらな行いのぶどう酒を、諸国の民に飲ませた都と呼ばれ、18章では大淫婦とも呼ばれるのです。

第三の天使のメッセージは、獣に属する者に対して下される罰の宣告です。そしてその最後に13章10節に非常によく似た「ここに、神の掟を守り、イエスに対する信仰を守り続ける聖なる者たちの忍耐が必要である」（12）という告知（196ページ参照）があります。

天からの声

13 また、わたしは天からこう告げる声を聞いた。「書き記せ。『今から後、主に結ばれて死ぬ人は幸いである』と。」〃霊〃もいう。「しかり。彼らは労苦を解かれて、安らぎを得る。その行いが報われるからである。」

「今から後」といわれているのは、終極的な終末を待たずともの意です。13節の宣言は特に「〃霊〃もいう」と強調されています。どうしてそんなことが幸せかというと、キリストの道を歩む者たちにとって、たとえ死に至る艱難であっても、その苦難はこの世を越える報いを生むからであると説明されています。たぶん著者はここで、迫りくる迫害を前にして、特に殉教者に思いをはせているのかもしれませんが、主に結ばれて死ぬすべての人に共通するものです。

◆穀物の刈り入れとぶどうのとり入れ　14章14〜20節

穀物の刈り入れ（14・14〜16）

[14]また、わたしが見ていると、見よ、白い雲が現れて、人の子のような方がその雲の上に座っており、頭には金の冠をかぶり、手には鋭い鎌《かま》をもっておられた。[15]すると、別の天使が神殿から出てきて、雲の上に座っておられる方に向かって大声で叫んだ。「鎌を入れて、刈りとってください。刈り入れの時がきました。地上の穀物は実っています。」[16]そこで、雲の上に座っておられる方が、地に鎌を投げると、地上では刈り入れが行われた。

ぶどうのとり入れ（14・17〜20）

[17]また、別の天使が天にある神殿から出てきたが、この天使も手に鋭い鎌をもっていた。[18]すると、祭壇のところから、火をつかさどる権威をもつ別の天使が出てきて、鋭い鎌をもつ天使に大声でこういった。「その鋭い鎌を入れて、地上のぶどうの房をとり入れよ。ぶどうの実はすでに熟している。」[19]そこで、その天使は、地に鎌を投げ入れて地上のぶどうをとり入れ、これを神の怒りの大きな酒ぶねに投げ入れた。[20]酒ぶねは、都の外で踏まれた。すると、血が酒ぶねから流れ出て、馬のくつわにとどくほどになり、千六百スタディオンにわたって広がった。

ダニエル書7章13節の「人の子のような方」は、黙示録が書かれたころにはすでにメシアの呼称として定着していました。手にしている鎌は神の裁きの執行者としてのシンボルです。刈り入れは最後の審判のさいに選ばれた者たちが集められることを象徴しています。この対極にあるのが、ぶどうのとり入れで象徴されている神から遠い者たちの罰です。

ぶどうは、旧約聖書では神に愛されたイスラエルのシンボルで、たびたびその神の愛に応えない場合の象徴として用いられています（イザヤ5・1〜7、エレミヤ2・21、エゼキエル19・10〜14）。酒ぶねを踏むという比ゆは聖書の伝統では神の裁きのシンボルです（イザヤ63・3〜5）。都の外で、とわざわざいわれているのは、イエスの十字架刑が都の外で執行されたことと関係すると思われます。

第三のしるし　最後の七つの災い　15章1節〜16章16節

◆七つの災いを携えた七人の天使たち　15章1〜8節

1
わたしはまた、天にもう一つの大きな驚くべきしるしを見た。七人の天使が最後の七つの災いを携えていた。これらの災いで、神の怒りがその極みに達するのである。
2
わたしはまた、火が混じったガラスの海のようなものを見た。さらに、獣に勝ち、その像に勝ち、またその名の数字に勝った者たちを見た。彼らは神の竪琴を手にして、このガラスの海の岸に立っていた。
3 彼らは、神のしもべモーセの歌と小羊の歌とをうたった。
「全能者である神、主よ、
あなたのわざは偉大で、
驚くべきもの。
諸国の民の王よ、
あなたの道は正しく、また、真実なもの。
4 主よ、だれがあなたの名を畏れず、
たたえずにおられましょうか。
聖なる方は、あなただけ。
すべての国民が、きて、あなたの前にひれ伏すでしょう。
あなたの正しい裁きが、
明らかになったからです。」
5 この後、わたしが見ていると、天にあるあかしの幕屋の神殿が開かれた。
6 そして、この
神殿から、七つの災いを携えた七人の天使が出てきた。天使たちは、輝く清い亜麻布の衣を着
て、胸に金の帯を締めていた。
7 そして、四つの生き物のなかの一つが、世々限りなく生きて
おられる神の怒りが盛られた七つの金の鉢を、この七人の天使に渡した。
8 この神殿は、神の
栄光とその力とから立ち上る煙で満たされ、七人の天使の七つの災いが終わるまでは、だれも

神殿のなかに入ることができなかった。

七つの鉢をもつ七人の天使が登場するというきわめて荘厳な第三のしるしは、わたしたちを12章の初めに連れもどします。あのとき始まった衝突は次第にエスカレートして、結論に向かっていきます。第三のしるしの静止的な描写（15・1）とそのアクティブな展開の描写（16・1以下）の間に勝利の歌がはさまれています。3節にモーセの名があげられていますが、黙示録が旧約聖書の人物名をあげる唯一の例です。モーセの歌とは、エジプトの奴隷生活から解放されたさい、その第一歩をしるした葦の海徒渉という神の恵みをたたえる古代の歌（出エジプト15・1〜18）をさします。彼らはモーセの歌と神の民をあがなった小羊を賛美する歌（5・9〜13参照）をうたった後で自分たちの賛美の歌をうたったというより、3〜4節の聖徒たちの歌はそれらを一つにまとめたものと解することができます。この歌は神の介入により今まさに実現しつつあるメシア的な新しい創造を謳歌しています。

火の混じったガラスの海とは、神に敵対する力のシンボルである海が、神によって清められ、エジプト脱出のときの比ではなく、新しい法にもとづくまったく新しい被造物である海となることの象徴です。

◆神の怒りを盛った七つの鉢　16章1節～16節

[1]また、わたしは大きな声が神殿から出て、七人の天使にこういうのを聞いた。「行って、七
つの鉢に盛られた神の怒りを地上に注ぎなさい。」
[2]そこで、第一の天使が出ていって、その鉢の中身を地上に注ぐと、獣の刻印を押されてい
る人間たち、また、獣の像を礼拝する者たちに悪性のはれ物ができた。
[3]第二の天使が、その鉢の中身を海に注ぐと、海は死人の血のようになって、そのなかの生
き物はすべて死んでしまった。
[4]第三の天使が、その鉢の中身を川と水の源に注ぐと、水は血になった。[5]そのとき、わた
しは水をつかさどる天使がこういうのを聞いた。
「今おられ、かつておられた聖なる方、
あなたは正しい方です。
このような裁きをしてくださったからです。
[6]この者どもは、聖なる者たちと預言者たちとの血を流しましたが、
あなたは彼らに血をお飲ませになりました。
それは当然なことです。」
[7]わたしはまた、祭壇がこういうのを聞いた。
「しかり、全能者である神、主よ、

あなたの裁きは真実で正しい。」
[8]第四の天使が、その鉢の中身を太陽に注ぐと、太陽は人間を火で焼くことを許された。[9]
人間は、激しい熱で焼かれ、この災いを支配する権威をもつ神の名を冒とくした。そして、悔
い改めて神の栄光をたたえることをしなかった。
[10]第五の天使が、その鉢の中身を獣の王座に注ぐと、獣が支配する国は闇に覆われた。人々
は苦しみもだえて自分の舌をかみ、[11]苦痛とはれ物のゆえに天の神を冒とくし、その行いを悔
い改めようとはしなかった。
[12]第六の天使が、その鉢の中身を大きな川、ユーフラテスに注ぐと、川の水がかれて、日の
出る方角からくる王たちの道ができた。[13]わたしはまた、竜の口から、獣の口から、そして、
偽預言者の口から、蛙のような汚れた三つの霊が出てくるのを見た。[14]これはしるしを行う悪
霊どもの霊であって、全世界の王たちのところへ出ていった。それは、全能者である神の大い
なる日の戦いに備えて、彼らを集めるためである。[15]――見よ、わたしは盗人のようにくる。
裸で歩くのを見られて恥をかかないように、目を覚まし、衣を身に着けている人は幸いである。
――[16]汚れた霊どもは、ヘブライ語で「ハルマゲドン」と呼ばれるところに、王たちを集め
た。

この部分のバックにあるのも出エジプト記の十の災いです。悪を滅ぼす神の介入は、ラッパの吹奏のときのように一時的で部分的ではなく、徹底的で最終的なものになっています。5節

の神の呼び名の場合にも、もはや「将来もおられる」という部分がなくなっていることに注目しましょう。神はもう裁き手として現存し、首尾一貫した裁きを実現されるから聖といわれています。

第五段　救いの歴史の結論　16章17節〜22章5節

第五段の概要（U.Vanni *"La Struttura Letteraria dell'Apocalisse"* 202〜205ページ参照）

第七の鉢の中身が空中に注がれることによって、決定的な終末がもはや現実となる神の最終的介入の時が到来したことを告げる序文（16・17〜21）に続いて、17〜18章に淫婦バビロンが紹介され、その裁きと判決、および火によって滅ぼされるさまが描かれます。この淫婦に対する勝利をもたらすのは小羊ですが、それは小羊が王の王、主の主（17・14）だからです。荘厳な賛美の歌（19・1〜8）が淫婦の断罪を締めくくり、花嫁の勝利へと扉を開きます。けれども花嫁が勝利に至るためには、小羊＝主の主の介入を待たなければなりません。主の主の詳しい描写（19・11〜16）に続いて、獣に対するダイナミックな戦いと勝利が展開されます（19・17〜21）。獣は13章のものと同一なのですが、あたかも初めて登場するかのように描かれているので、19章11〜21節はある程度独立した記述の感があります。淫婦の断罪から花嫁の勝利に移行する回転軸となっているのが小羊＝主の主であることは構造上はっきりしています。

16章17節から始まった一連の直線的な発展は20章でいったん休止します。実際すべては一応結論に達したのですが、著者はここでもう一度勝利を水平の次元で語り直そうと試みます。まず、決定的勝利の前段階ともいえる勝利（20・1〜3）と、敵の一時的なぶり返し（4〜6）、サタンとその一味の決定的敗北（7〜10）、最後に決定的勝利のしるしである死者と死そのものに対する裁き（11〜14）で20章が閉じられます。

21章は花嫁の勝利の場面で、花嫁の姿は段階を経て紹介されていきます。旧約聖書のホセア書（2・18〜22）、イザヤ書（54・6、61・10）、エゼキエル書（16章）などを背景に、新しいエルサレムというモチーフが少しずつ花嫁として描かれていきます。21章2節の時点では「花嫁のよう」と紹介されたエルサレムは、21章9節では「小羊の妻である花嫁」と呼ばれていま す。21章2〜3節で素描されたエルサレムが、同9節から22章5節にかけて、いっそう詳しく文学的な趣向をこらして描写されています。

導入　16章17〜21節

◆第七の天使、鉢の中身を空中に注ぐ

[17]第七の天使が、その鉢の中身を空中に注ぐと、神殿の玉座から大声が聞こえ、「事は成就した」といった。[18]そして、稲妻、さまざまな音、雷が起こり、また、大きな地震が起きた。それは、人間が地上に現れて以来、いまだかつてなかったほどの大地震であった。[19]あの大きな都が三つに引き裂かれ、諸国の民の方々の町が倒れた。神は大バビロンを思い出して、ご自分の激しい怒りのぶどう酒の杯をこれにお与えになった。[20]すべての島は逃げ去り、山々も消えうせた。[21]一タラントンの重さほどの大粒の雹《ひょう》が、天から人々の上に降った。人々は雹の害を受けたので、神を冒とくした。その被害があまりにもはなはだしかったからである。

黙示録を今まで読み進めていたわたしたちは、「第七の天使が」という表現に触れると、何か新しいことが始まるのではないか、という予感を覚えます。事実、この本の構造は七という数と深い関係があります。第二部の序曲にあたる4〜5章で、玉座におられる方の右の手には七つの封印された巻物がありました。そしてその巻物は荘厳な典礼にも似た儀式のなかで小羊に手渡されました。さらに、第二部第一段（6〜7章）は、小羊が七つの封印の一つを解くこと

から始まり、順次六つの封印が開かれてゆきます。最初の四つの封印の開封の描写は、文学的に一つのまとまりを見せていました。四つの生き物の一つが「出てこい」というたびに、それぞれ白、赤、黒、もえぎ色の馬が現れ、乗っている騎手の紹介が続きました。第五の封印が開かれた後にはすでに命を全うして天界にいる殉教者たちの魂の祈りと、それに対する慰めに満ちた答えが与えられたのです。そして第六の封印の開封は決定的終末を先どりして見せてくれました。

次の第三段も七という数と関連してまとめられていました。小羊が第七の封印を開いたとき（8・1）、天は半時間ほど沈黙に包まれ、七人の天使が神のみ前に立っているのが見え、彼らに七つのラッパが渡されます。第一から第四までの天使が順次ラッパを吹奏し、そのたびに象徴的な裁きの行為が行われ、何らかのものの三分の一が滅ぼされました（8・7〜12）。そして13節ではなお三人の天使が吹こうとしているラッパのゆえに「不幸だ、不幸だ、不幸だ」と三重の災いの宣言がなされます。第五と第六の天使のラッパ吹奏により、第一と第二の災いが起き、11章14節では第三の災いが速やかにやってくることが予告されます。

第四段の初めにも「第七の天使がラッパを吹いた」（11・15）とあり、栄唱が続き、三つのしるしの部が始まりました。三つ目のしるしは第三の災いと重なり（15・1）神の怒りがその極みに達します。七人の天使によって災いを盛られた七つの鉢が順次地上、海、川、太陽、獣の玉座、大きな川ユーフラテスに注がれ、注がれた対象に関連のある裁きの結果が現れました。

そして今、第七の天使が、その鉢の中身を空中に注ぐと神殿の玉座から大声が聞こえ、「『事は成就した』といった。そして稲妻、さまざまな音、雷が起こり、また、大きな地震が起きた」とありますから、わたしたちはここでも当然新しいことが始まるのを期待できます。しかも第七の天使が鉢の中身を注ぐ場合には、これまでの六人の天使とは違う結果が見えます。今まで、天使が鉢の中身をある特定の場に注ぐと、ただちにその場と関係のある一定のはっきりとした効果が現れました。第一の天使の場合を例にとると、彼が地上に鉢の中身を注ぐと、獣の刻印を押されている人間たちに悪性のはれ物ができる（16・2）という具合でした。ところが、第七の天使の場合（16・18〜21）鉢の中身を空中に注いだ結果としていちばん詳しく描写されているのは、空中とは関係のない地上の地震のことです。

空中（アエル）は新約聖書に七回見られ、通常大気の意味で使われています。しかしパウロは二回（一テサロニケ4・17、エフェソ2・2）この言葉を超自然の世界を示すものとして使っています。また、黙示録が書かれたころのユダヤ思想では「空中」は悪霊の座、そこから悪霊どもが人間にその影響を及ぼす座と考えられていました。

このような空中の理解は、わたしたちのテキストにぴったりします。第七の天使が鉢の中身を空中に注ぐことによって、これから見ていくように神に敵対するサタン、悪魔が決定的に滅ぼされるからです。20章10節に「彼らを惑わした悪魔は、火と硫黄の池に投げ込まれた……そして、この者どもは昼も夜も世々限りなく責めさいなまれる」とあるとおりです。

◆稲妻、さまざまな音、雷が起こり（U.Vanni "*La Struttura Letteraria dell'Apocalisse*" 141～148ページ参照）

この句は黙示録全体の展開と深くかかわる一種の定型句です。便宜上、以下この表現が出るたびに定型句と呼ぶことにします。

この定型句は出エジプト記の契約締結の記事のなかで、神が民の歴史に介入するためにご自分を顕示なさる場面に見られます。つまりこの句は神がご自身を何らかの形でお示しになり、警告、罰を含む救いへの介入をしてくださることの象徴なのです。黙示録ではすでに4章5節、8章5節、11章19節にも用いられていました。しかもこの三つの例はどれをとっても黙示録構造上の意味のある場を占めています。4章5節は第二部序曲の（4～5章）の初めにあたり、8章5節は第三段の初め、11章19節は第四段の初め、そしてここ第五段冒頭16章18節にまたもやこの句が記されています。4章5節の場合「玉座からは、稲妻、さまざまな音、雷が起こった」とありますが、「起こった」と訳されている動詞は現在形であり、文脈からはこの場合の神の介入は特定の介入ではないことがわかります。神にはいつでも介入する用意があることを表す継続する現在です。

8章5節の「……雷、さまざまな音、稲妻、地震が起こった」では、名詞の順序が変化していますが、これにはたいした意味はなさそうです。けれども動詞が現在からアオリストという時制に変わっています。これは過去の一点を示すことのできる時制ですから、神の実際の介入を示していると理解できます。４章５節では実現し得る可能性にとどまっていた神の力が、ここでは積極的で具体的に介入したとして示されています。しかしまだその内容は具体的に示されていません。ただ注目に値するのは「地震が起こった」が加わっていることです。地震はすでに６章12節に登場しており、その後11章13節と19節、そしてわたしたちが現在とり扱っている16章18節に記されています。最後の二例ではわたしたちの問題にしている定型句「雷、さまざまな音、稲妻」と一体となって表されています。著者は地震を最初に単独で用い（６・12）、次に定型句に交えて用い（８・５）、ふたたび単独で用い（11・13）続いて二回（11・19、16・18）定型句に組み込んで使っています。こういう使用には意図があるのでしょうか。

旧約聖書では地震はまだ特定されていない一般的な神の介入、しかも地上と人間界に直接向けられた介入を意味しています。そこですでに定型句に含まれていた歴史における神の介入という意味に、その介入はまさに大地とそこに住む者に向けられたものなのだという意味を加える意図があると思われます。しかもその介入は黙示録のこの時点では、一部分は実現しているが、まだこれから実現される部分があるという状態です。

８章５節の文脈を見ますと、１節は第七の封印が開かれたときです。七つのラッパをもった七人の天使たちはすでに使命を与えられています（８・２）。３〜４節では幕間のように祭儀を執行中の一人の天使が現れ、祭壇に近づき香炉に盛られた聖徒たちの祈りに香を添えて金の香壇でたくと、聖徒たちの祈りは神のもとまで立ち上ることができます。その神にささげた祈りの結果であるかのように、5節で天使は祭壇の火の一部を地上に投げつけます。その結果「雷、さまざまな音、稲妻、地震が起こった」とあります。神が歴史のなかで悪に対する懲罰行為として何らかの介入をされることが暗示されています。3～4節の内容は、神の介入を規定するこの世を超えた世界での原因を垣間見せてくれるものです。直後の8章6節ではラッパを吹き鳴らす構えを整えた七人の天使のテーマにもどります。したがって、文脈からいってそれぞれラッパを手にした七人の天使は、企画された神の介入を具体的に示していると結論づけることができましょう。やがて起こる介入は神からのもので大地とそこに住む人々を対象としたものです。ですからこの地震は、いわゆる地震ではなく、この世を超絶した世界からの介入をさしています。

定型句に地震が加えられることにより、6章12節と8章5節、11章13節、11章19節の間に何らかの関連があることがほのめかされています。

11章19節では定型句の文脈に神の神殿と契約の箱が現れ、大粒の雹《ひょう》も加わっています。「そして、天にある神の神殿が開かれて、その神殿のなかにある契約の箱が見え、稲妻、さまざまな音、雷、地震が起こり、大粒の雹が降った。」

雹はすでに8章7節で「第一の天使がラッパを吹いた。すると、血の混じった雹と火とが生じ、地上に投げ入れられた。地上の三分の一が焼け、木々の三分の一が焼け、すべての青草も焼けてしまった」と定型句と無関係に用いられています。定型句とのかかわりなしに雹が登場するのはここだけです。8章7節は七十人訳聖書によるエジプト脱出のさいの第七の災いの描写（9・24）と、終末について語っているヨエル書の「天と地に、しるしを示す。それは血と火と煙の柱である」（3・3）を念頭において書かれたと思われます。出エジプト記の場合、雹に伴うのはあらしのときの稲妻で、被害をもたらすのは雹そのものです。黙示録8章7節では反対に、結果をもたらすのは火の混じった雹の火のほうです。三回も焼かれたということが繰り返されています。そして血と雹のもたらした効果はここでは何も示されません。黙示録8章7節では火と血と雹の働きを区別しなければなりません。血と雹は何ら具体的効果も生まない象徴的意味しかもたないということです。血はヨエルの文脈では終末的な価値をもっています。そのために8章7節で血と結ばれている雹は、固有の意味を与えられます。神の介入の象徴であり、しかも神の懲罰的な介入のシンボルです。いいかえれば、雹は具体的な状況とは切り離されているのです。以上を踏まえて8章7節をもう一度読むと、第一のラッパ吹奏に伴う災いのなかに、出エジプト記の暗示をとおして、神のがわからの懲罰的な介入を示しているとのしるしを得、ヨエルと関連づけて読むことにより終末的な展望を得、第三にその介入は火の特性とその効果をもつものであることを予想できます。

11章19節の直接の文脈では、大きな雹は地震という言葉が示すように、地と関連した懲罰的な面の強調された神の介入を思わせます。その直接の文脈は何かを見てみましょう。第七のラッパが吹奏され、続いて15節後半から18節まで栄唱が続きます。そして神殿が開かれ、神殿のなかに契約の箱が現れます。ここで定型句「稲妻、さまざまな音、雷」に続いて地震が起こり、「大粒の雹が降った」が加わっています。神殿という環境のなかに契約の箱が現れるという幻は黙示録ではまったく新しいもので、ここだけに見られることです。このことの重大さは何かといえば、メシアのもたらす決定的終末の暗示があるという点です。

メシアのもたらす決定的終末を暗示する、神殿という場に契約の箱が出現する（155～156ページ参照）という事実が、例の定型句と結ばれています。これはいったい何を意味するのでしょうか。たぶん、メシア時代における契約の十全な実現は、神の直接の介入により地上で完成し、その時点では悪に対する懲罰も実現するということを表現しています。

定型句が最後に現れるのは、わたしたちが今第五段の導入でとり扱っている16章18～20節です。ここでは文学的にも構造的にも特徴のある展開を見せています。最終的表現にはこれまで考察してきた諸要素がすべて見られますが、それらは新たに構成されているので、理解を深める必要があります。まず18節は「そして、稲妻、さまざまな音、雷が起こり、また、大きな地震が起きた」（18ａ）と述べ、続いて地震について「それは、人間が地上に現れて以来、いまだかつてなかったほどの大地震であった。あの大きな都が三つに引き裂かれ、諸国の民の方々の町が倒れた。神は大バビロンを思い出して、ご自分の激しい怒りのぶどう酒の杯をこれにお与えになった。すべての島は逃げ去り、山々も消えうせた」（18ｂ～20）と詳述します。この部分にはダニエル書12章1節の影響を見ることができます。

以上の基本的な意味についての聖書学者たちの意見は一致しています。地上における神の介入は最高潮に達し、地震の結果として描かれているとおり、バビロンが完全に滅ぼされるということです。ただし、この破壊はこの世を越えた神の次元の光のもとに描かれているのであって、現実の崩壊のさまを描写する意図はありません。ここでバビロンが名ざされているのは、きわめて当を得ています。続く17〜18章で淫婦バビロンの断罪についての広範な叙述があるからです。バビロンは神の超絶界からの罰の対象でしたし、続く章でもそのようなものとして残ります。

20節の、島が逃げ去り、山々が消えうせるという表現は、わたしたちに6章14節後半、大地震が起きて「……山も島も、みなその場所から移された」を想起させます。これは著者が初めて地震に触れる場面ですが、島々の消滅は事実として語られているのではなく、黙示文学特有の強いインパクトを与えるための表現です。あの場合と同様、ここでも大地震を実際の地震と理解すべきではないでしょう。あのとき始まった神の介入が今はその頂点に達しようとしていることを、このようなシンボルによって語っているのです。

地震についての詳細な描写の後に、16章21節では11章19節で見た雹がふたたび登場します。「一タラントンの重さほどの大粒の雹が、天から人々の上に降った。人々は雹の害を受けたので、神を冒とくした。その被害があまりにもはなはだしかったからである。」これは前述のとおり、出エジプト記の第七の災い（9・24）にヒントを得ていますが、はるかに大仰になっています。一タラントンといえば約二十五キログラムもありますから、想像を絶するものですが、それに対する人々の反応も「神を冒とくした」という恐ろしい態度です。これほどのしるしがあってもなお回心しない人々のかたくなさを表しています。

これまで見てきたことは17節に続いていました。その17節には「第七の天使が、その鉢の中身を空中に注ぐと、神殿の玉座から大声が聞こえ」しかも「『事は成就した』といった」とあります。「成就した」とあるからには、この第五段導入の部で暗示され、やがて展開されていく神の介入は決定的なことであり、神の介入はその頂点に達したことを示しています。

つづいて例の定型句があり、そのあと今まで検討してきたような神の決定的裁きの到来を示す表現が記されています。黙示録には以後「稲妻、さまざまな音、雷が起こり」という表現は二度と見られません。神の玉座への言及は4章5節と8章3節にあり、神殿については11章19節にありましたが、16章17節ではその双方に言及しています。ここにわたしたちは、例の定型句が神の超絶性（玉座）と聖域（神殿）、聖徒たちの祈りと救いの歴史における神の介入との間にあるつながりに光をあてているのを見ることができます。

大淫婦バビロンの正体とその滅亡の予告　17章1～18節

第五段を代表する単語は淫婦と花嫁です。その分布を見ますと、淫婦は五回（17・1、5、15、16、19・2）、花嫁は18章23節の通常の意味での使用を除くと、21章2節と9節、22章17節の三回です。したがって展開の初め（17・1～19・4）に登場するのは大淫婦バビロンという、神の民＝教会に対抗するシンボルであり、この淫婦が断罪を受け滅ぼされると、それに続いて小羊の花嫁が輝かしい姿で現れます（19・7）。この両極の転換軸となるのは白馬の騎手によって象徴される小羊＝主の主（19・16）です。

著者はこれまで敵対勢力を竜と獣によって代表させてきましたが、17～18章では獣のほうはいくらか登場するとはいえ、大淫婦バビロンが前面に登場するようになります。それはひとつには、21章9節以下に登場する小羊の花嫁エルサレムと対に描くためです。黙示録全体の構造から見るなら、この17～18章は21章9節から22章5節と対をなしています。そのことは、この二つの部分の導入の言葉がたいへん似通っていることからもわかります。以下の傍点部を見れば一目瞭然です。

17章1〜3節

[1]さて、七つの鉢をもつ七人の天使の一人がきて、わたしに語りかけた。「ここへきなさい。多くの水の上に座っている大淫婦に対する裁きを見せよう。[2]地上の王たちは、この女とみだらなことをし、地上に住む人々は、この女のみだらな行いのぶどう酒に酔ってしまった。」[3]そして、この天使は〝霊〟に満たされたわたしを荒れ野に連れていった。わたしは、赤い獣にまたがっている一人の女を見た。

21章9〜10節

[9]さて、最後の七つの災いの満ちた七つの鉢をもつ七人の天使がいたが、そのなかの一人がきて、わたしに語りかけてこういった。「ここへきなさい。小羊の妻である花嫁を見せてあげよう。」[10]この天使が、〝霊〟に満たされたわたしを大きな高い山に連れていき、聖なる都エルサレムが神のもとを離れて、天から下ってくるのを見せた。

前章19節で著者はバビロン（大きな都）の滅亡に短く触れましたが、この問題を改めて17章から19章10節でとりあげます。17章はバビロンに対する裁きの予告をもって始まりますが、実際の裁きは次章でさまざまな登場人物によって歌われることになります。17章で、著者は霊の導きのもとに英知を働かせてシンボルを解読するひとつの凡例を提供してくれます。この章の解説では、特に17章9節に焦点をあてて見てゆきたいと思います。

17章1〜18節

[1]さて、七つの鉢をもつ七人の天使の一人がきて、わたしに語りかけた。「ここへきなさい。
多くの水の上に座っている大**淫婦**に対する裁きを見せよう。[2]地上の王たちは、この女とみだ
らなことをし、地上に住む人々は、この女のみだらな行いのぶどう酒に酔ってしまった。」[3]そ
して、この天使は〝霊〟に満たされたわたしを荒れ野に連れていった。わたしは、赤い獣にま
たがっている一人の女を見た。
　この獣は、全身いたるところ神を冒とくする数々の名で覆われており、七つの頭と十本の角
があった。[4]女は紫と赤の衣を着て、金と宝石と真珠で身を飾り、忌まわしいものや、自分の
みだらな行いの汚れで満ちた金の杯を手にもっていた。[5]その額には、秘められた意味の名が
記されていたが、それは、「大バビロン、**淫婦**たち（新共同訳　みだらな女たち）や、地上の忌
まわしい者たちの母」という名である。[6]わたしは、この女が聖なる者たちの血と、イエスの
証人たちの血に酔いしれているのを見た。
　この女を見て、わたしは大いに驚いた。[7]すると、天使がわたしにこういった。「なぜ驚くの
か。わたしは、この女の秘められた意味と、女を乗せた獣、七つの頭と十本の角がある獣の秘
められた意味とを知らせよう。[8]あなたが見た獣は以前はいたが、今はいない。やがて底なし
の淵から上ってくるが、ついには滅びてしまう。地上に住む者で、天地創造の時から命の書に
その名が記されていない者たちは、以前いて今はいないこの獣が、やがてくるのを見て驚くで

あろう。[9]ここに、知恵のある考えが必要である。七つの頭とは、この女が座っている七つの
丘のことである。そして、ここに七人の王がいる。[10]五人はすでに倒れたが、一人は今王の位
についている。他の一人は、まだ現れていないが、この王が現れても、位にとどまるのはごく
短い期間だけである。[11]以前いて、今はいない獣は、第八の者で、またそれは先の七人のなか
の一人なのだが、やがて滅びる。[12]また、あなたが見た十本の角は、十人の王である。彼らは
まだ国を治めていないが、ひとときの間、獣とともに王の権威を受けるであろう。[13]この者ど
もは、心を一つにしており、自分たちの力と権威を獣にゆだねる。[14]この者どもは小羊と戦う
が、小羊は主の主、王の王だから、彼らに打ち勝つ。彼（新共同訳　小羊）とともにいる者、
召された者、選ばれた者、忠実な者たちもまた、勝利を収める。」
[15]天使はまた、わたしにいった。「あなたが見た水、あの**淫婦**が座っているところは、さまざ
まの民族、群衆、国民、言葉の違う民である。[16]また、あなたが見た十本の角とあの獣は、こ
の**淫婦**を憎み、身に着けた物をはぎとって裸にし、その肉を食い、火で焼き尽くすであろう。
[17]神の言葉が成就するときまで、神は彼らの心を動かしてみ心を行わせ、彼らが心を一つにし
て、自分たちの支配権を獣に与えるようにされたからである。[18]あなたが見た女とは、地上の
王たちを支配しているあの大きな都のことである。」

冒頭に、「ここへきなさい。多くの水の上に座っている大淫婦に対する裁きを見せよう」という天使の言葉がありますが、神を畏れぬ罪深い町が淫婦と呼ばれる例は旧約聖書にも見られ、

ティルス（イザヤ23・15～17）やニネベ（ナホム3・4）はこの場合のバビロンと同じく、飽くことを知らず弱者を搾取する商業政策によって巨万の富を集めた都市だったので、淫婦（新共同訳　遊女）と呼ばれています。旧約聖書では偶像崇拝をたびたび姦淫にたとえていますから、これらの都市が淫婦と呼ばれているのも、神でないものに神の座を与える生き方ゆえのことです。バビロンは単にそれだけの理由ではなく、かつて神の民の都エルサレムを滅ぼした新バビロニア帝国の首都、神の民イスラエルにバビロンの捕囚という苦渋を味わわせた国の都という歴史的背景ゆえに、神に敵対する力を代表するもののシンボルとして用いられています。黙示録が世に出た当時、ローマ帝国の権威による迫害の脅威を感じていた教会は、容易にバビロンのうちにローマの象徴を見ることができました。

「多くの水の上に座っている」というイメージには、混沌とか罪の世界のシンボルとしての深淵と、バビロンがユーフラテスのほとりに栄えた運河の町であったことがかけてあります。2節後半は、神に対する誠実さのないバビロン＝ローマの生き方が世界にまんえんしたことを意味します。

三たび霊に満たされた（1・10、4・2参照）ヨハネは、天使に導かれて荒れ野に行き、そこで赤い獣にまたがった女を見ます。ここで荒れ野が舞台に選ばれているのは、この女、大淫婦はまさに12章で荒れ野に逃れた神の民＝教会の象徴である女性に真っ向から対立するものだからでしょう。彼女が乗っている獣は13章の獣と考えられます。女の装束には当時のローマの娼婦とつうじること（娼婦たちは名前を書いたリングを額飾りにつけていた）やぜいたくの限りを尽くしていた貴婦人たちを思わせる品々があげられています。天使が明かしてくれる女性の名前「みだらな女たちや、地上の忌まわしい者たちの母」（5）と6節のヴィジョンから、大バビロンは神に敵対する者たちの代表であり、イエスの証人たちの迫害者であることがわかります。

6節の最後に、この女を見てヨハネが非常に驚いたと記されていますが、神は幻をとおして人間には近づきがたい奥義を示してくださるわけですから、それに驚くのは当然です。しかし、黙示文学の伝統では、幻の内容が人間の知恵をはるかに超えることを強調するさいに、驚く、あるいはそれに似た表現が見られます（ダニエル8・27、バルクの黙示録55・2参照）。驚きはシンボルがミステーリオン、ひとつの神秘となったことを示しています。これは次のパラグラフで説明するようにとても大切なことです。

7節で天使は、女と彼女が乗っている獣の秘められた意味（ミステーリオン）を説明しようと述べ、8節で獣の説明を始めます。女を乗せた獣は「今おられ、かつておられ、やがてこられる方」という黙示録独特の神の名を踏まえて、「以前はいたが、今はいない。やがて……くるが、ついには滅びてしまう」ものであると説明されます。確かにこの獣は反キリストの代表者で、13章3節注解で述べたネロの伝説（195ページ参照）にもとづいています。ここで大切なのは、獣は非常に恐ろしいものであっても最後は滅びに向かっていくものであることが述べられていることです。しかし地に住む者たち（神とそのみ言葉を受け入れない人たち）は、獣が「やがて……くるのを見て」驚くのですが、「ついに滅びに向かう」ものであることには気がつきません。

10章7節で第七の天使がラッパを吹くとき、神のミステーリオンが成就する、と告げられ、「それは、神がご自分のしもべである預言者たちによい知らせとして告げられたとおりである」とありました。10章のミステーリオンは神のプロジェクトと関係しています。神ご自身が企画なさり、啓示し、時の流れ（歴史）のなかで実現される企画です。神の企画はこの世を絶対に超える神の世界で生まれたものですから、どうしても超絶界の特質を帯びています。そのために人間の言葉で完全に表現することはできません。だからシンボルで表現されます。シンボルは人間に理解可能ですが、その理解には段階があり、少しずつ深められ、神が伝えようと望まれる現実に近づいていくことができます。17章の場合、まさに天使によって薄皮をはぐようにシンボルが説明されてきましたが、そのシンボルを現実の自分の世界にあてはめる時点で「ここに、知恵のある考えが必要である」（9）といわれています。シンボルが解明されて、次第にいわば神のもとから出たものに近づくと、そのシンボルはそれを解読する者にダイナミックに迫って現実の世界のどこにそのシンボルの意味することがあり、それに対してどう対処すべきかの回答を迫るのです。そういう状態になったシンボルを、著者はミステーリオン、秘められた意味と呼んでいます。神の知恵に照らされた信仰をもってこのシンボルの理解に努める者には、地に住む者たちとは違った獣の理解が可能なのです。黙示録が読み過ごして終わるための本ではなく、シンボルが意味することを解読し、自分が生きている歴史のなかで、それが今、どのような形をとって存在するのかを見きわめ、それに対処する最善の処置を選びとって生きることを要求する本だというのはこのためです。(U.Vanni *"L'Apocalisse"* 71～72ページ参照)

8節から天使の解説の本文が始まります。まず獣(8)、その七つの頭(9～10)の順に語られていきますが、十本の角(12)の説明に入るまえに、11節で獣を十人の王と関連づけて説明しています。

9節の七つの丘は当時のローマを知っている者には七つの丘の町ローマとその皇帝たちを想起させます。11節のかつてはいたが今はいないという獣の説明は、13章の解説でも触れたネロに関する伝説を背景にして語られています。すなわちローマで自殺したといわれているネロが、実はパルティアに身を寄せていてやがてローマに攻めてくるという伝説に依存しながら、反キリストのシンボルである獣を描いています。

12節の十本の角は、ダニエル書7章20節以下にもとづいていますが、ここではこの角はたぶん当時のローマ属領の王たちを象徴しています。獣(反キリスト、著者の時代の人々にとってはたぶん一定のローマ皇帝)が現れると、彼らはこれと結んでひとときの間(限られた期間)獣とともに王の権威をもつでしょう。13節の叙述は、たぶん「地上に住む者で、……ほふられた小羊の命の書にその名が記されていない者たちはみな、この獣を拝むであろう」(13・8)が暗示しているような皇帝崇拝をさすものと思われます。このような態度を避けるためにこそ、9節の「知恵のある考えが必要」なのです。彼らは一致して小羊と戦いますが、小羊が勝利を博します。勝利の理由はひとえに小羊が主の主、王の王だからです。王という表現は現代人にはピンときませんが、旧約時代だけでなく当時の人々にとって、さらには中世まで、神の支配を表現するいちばんわかりやすいシンボルだったのです。

15節で天使は、この章の冒頭で述べられていた大淫婦の座っている水について解説しています。淫婦が座っているのは「さまざまな民族、群衆、国民、言葉の違う民である」とありますが、これはバビロン＝ローマが世界中の人々の上に君臨していることを意味します。16節は獣が淫婦に背いてこれを滅ぼすことを、「憎み」「荒廃させ（新共同訳　身に着けたものをはぎとって裸にし）」「肉を食い」「焼き尽くす」という四つの表現で表しています。人間については不適切な荒廃させという表現がここに用いられているのも、大淫婦バビロンのシンボルのもとに、著者の念頭には大都市ローマがあったからでしょう。焼き尽くすであろうと述べ、結局反キリスト側が自滅してしまうことが記されています。17節は、それらすべても、彼らがそれと意識してはいないが、実は神の支配のもとで行われることを述べています。最後に天使は「（ヨハネが）見た女とは、地上の王たちを支配しているあの大きな都のことである」と結びます。

バビロンの廃墟から……　18章

17章で著者はネロにまつわる民間伝承などを利用して語っていましたが、18章では大幅に旧約聖書に依存しています。嘆きの歌（9～19）はエゼキエル書26～27章に散りばめられたティルスの滅びを悼む歌に依拠していますし、そのほかイザヤ書47章9節、バビロンについて語るエレミヤ書50～51章など、枚挙にいとまがありません。

著者は17章でバビロンに裁きが下ることを予告していましたが、ここではいよいよそれが成就しています。テキストには原文にはない小見出し（U.Vanni *"Apocalisse"* 53ページ参照）をつけておきましたが、それでおわかりいただけるように、ヨハネも彼に耳を傾ける者たちも、今は舞台を見ているわけではなく、生活の場も価値評価も体験も違うさまざまな登場人物がバビロンの崩壊という事実を前にして自分の立場からうたう歌を聞き、そこから間接に、バビロンの崩壊という事実を前に、各自、自分なりにふさわしいと判断する行動に出るように招かれているのです。ヨハネとその聴衆である地域教会だけでなく、わたしたち読者もこの哀歌の前に無関心でいることは許されません。

とはいえ、このような場合、舞台を見てこの歌に耳を傾ける人は、舞台の語り手である天使や商人などに同意するか否かの完全な自由をもっています。だからこそわたしたちの責任は重いのです。繰り返しますが、ここで著者はバビロンのうちに当時のローマを見、獣のうちにその権威の中枢を見ていたでしょうが、これらのシンボルはたいそう複雑で重層的に作り上げられているので、いつの時代にもあてはめられるものです。聖書にこれらが記されているということは、わたしたち一人ひとりにフィードバックが求められているということです。

バビロンの崩壊は単にもろ手を挙げて喜ぶことではないでしょう。聴衆にも読者にも、本来ならばポジティブに生かすよう協力できたかもしれない文化に、自分の怠りもあって滅びるのを許してしまった悔悟の心を込めて聞くこともありましょう。

ヨハネが、ひいては霊が、わたしたちに求めているのは、まず第一に、これらの歌の言葉のなかから、いったいバビロンの何が悪いのか、何が福音的でないのかを見抜く、神に照らされた愛の脈打つ心でしょう。バビロン＝ローマに特徴づけられている偶像崇拝、自己中心で破廉恥なぜいたく、本来神が占めるべき自分の心の中心に都合のいい権威の思惑や自分の欲望を据えること、貧しい人、弱い人を踏みにじって省みないこと……そういうバビロンが、自分のなかに、自分の生活環境のなかに、この日本に、今世紀のこの世界に、宇宙間に、どのような形で現存するかを敏感に見きわめ、とるべき手段を識別し、小さくてもいい、何か行動を起こし始めることが期待されています。

このようなことを意識して18章を黙想すれば、今まで自分と無関係と思われたこれらの言葉が、雄弁に自分に問いかけてくるのが聞こえてくるでしょう。

18章に見られる命令はただ二つです。「わたしの民よ、彼女から離れ去れ」(4)と「喜べ」(20)です。バビロンという場からではなく、その心、その生き方と袂《たもと》を分かつこと、つまりキリストの受難の意味を忘れないことでしょう。自己中心のバビロンから離れ、自分と世界、宇宙の中心に小羊のように玉座におられる方を据えることによってのみ、アーメン、ハレルヤが歌えるでしょう。著者がこのバビロンの哀歌をアーメン、ハレルヤの前においているのもたいへん意味があると思われます。ここまでの歩みの後に、18章を祈られるなら、きっと今まで考えることもできなかった豊かな黙想の実、今までけっして開くことのできなかった福音的な歩みへの突破口を開くことができるかもしれません。

別の天使の到来とバビロン崩壊についての解説

1 その後、わたしは、大きな権威をもっている別の天使が、天から降ってくるのを見た。地上はその栄光によって輝いた。2 天使は力強い声で叫んだ。
「倒れた。大バビロンが倒れた。
そして、そこは悪霊どもの住みか、
あらゆる汚れた霊の巣窟《そうくつ》、
あらゆる汚れた鳥の巣窟、
あらゆる汚れた忌まわしい獣の巣窟となった。

3
すべての国の民は、
怒りを招く彼女のみだらな行いのぶどう酒を飲み、
地上の王たちは、彼女とみだらなことをし、
地上の商人たちは、
彼女の豪勢なぜいたくによって富を築いたからである。」

天からの別の声

4
わたしはまた、天から別の声がこういうのを聞いた。
「わたしの民よ、彼女から離れ去れ。
その罪に加わったり、
その災いに巻き込まれたりしないようにせよ。
5
彼女の罪は積み重なって天にまでとどき、
神はその不義を覚えておられるからである。
6
彼女がしたとおりに、
彼女に仕返しせよ、
彼女の仕業に応じ、倍にして返せ。
彼女が注いだ杯に、

その倍も注いでやれ。
7彼女がおごり高ぶって、ぜいたくに暮らしていたのと、
同じだけの苦しみと悲しみを、
彼女に与えよ。
彼女は心のなかでこういっているからである。
『わたしは、女王の座に着いており、
やもめなどではない。
けっして悲しい目に遭いはしない。』
8それゆえ、一日のうちに、さまざまの災いが、
死と悲しみと飢えとが彼女を襲う。
また、彼女は火で焼かれる。
彼女を裁く神は、
力ある主だからである。」

地上の王たちの嘆き
9彼女とみだらなことをし、ぜいたくに暮らした地上の王たちは、彼女が焼かれる煙を見て、そのために泣き悲しみ、10彼女の苦しみを見て恐れ、遠くに立ってこういう。
「不幸だ、不幸だ、大いなる都、

強大な都バビロン、
おまえは、ひとときの間に裁かれた。」

地上の商人たちの哀歌

11 地上の商人たちは、彼女のために泣き悲しむ。もはやだれも彼らの商品を買う者がないから
である。12 その商品とは、金、銀、宝石、真珠、麻の布、紫の布、絹地、赤い布、あらゆる香
ばしい木と象牙細工、そして、高価な木材や、青銅、鉄、大理石などでできたあらゆる器、13
肉桂、香料、香、香油、乳香、ぶどう酒、オリーブ油、麦粉、小麦、家畜、羊、馬、馬車、奴
隷、人間である。

14 おまえの望んでやまない果物は、
おまえから遠のいてゆき、
華美な物、きらびやかな物はみな、
おまえのところから消えうせて、
もはやけっして見られない。

水上貿易に携わる商人たちの哀歌

15 このような商品を扱って、彼女から富を得ていた商人たちは、彼女の苦しみを見て恐れ、遠
くに立って、泣き悲しんで、16 こういう。

「不幸だ、不幸だ、大いなる都、
麻の布、また、紫の布や赤い布をまとい、
金と宝石と真珠の飾りを着けた都。
[17]あれほどの富が、ひとときの間に、
みな荒れ果ててしまうとは。」

航海に携わる人々の嘆き

また、すべての船長、沿岸を航海するすべての者、船乗りたち、海で働いているすべての者
たちは、遠くに立ち、[18]彼女が焼かれる煙を見て、「これほど大きい都がほかにあっただろう
か」と叫んだ。[19]彼らは頭に塵をかぶり、泣き悲しんで、こう叫んだ。

「不幸だ、不幸だ、大いなる都、
海に船をもつ者がみな、この都で、高価な物をとり引きし、
豊かになったのに、
ひとときの間に荒れ果ててしまうとは。」

天使の、悪の滅びを喜べとの招き

[20]天よ、この都のゆえに喜べ。
聖なる者たち、使徒たち、預言者たちよ、喜べ。

神は、あなたがたのために
この都を裁かれたからである。
21 すると、ある力強い天使が、大きいひき臼のような石をとりあげ、それを海に投げ込んで、
こういった。
「大いなる都、バビロンは、
このように荒々しく投げ出され、
もはやけっして見られない。
22 竪琴を弾く者の奏でる音、歌をうたう者の声、
笛を吹く者やラッパを鳴らす者の楽の音は、
もはやけっしておまえのうちには聞かれない。
あらゆる技術を身に着けた者たちもだれ一人、
もはやけっしておまえのうちには見られない。
ひき臼の音もまた、
もはやけっしておまえのうちには聞かれない。
23 ともし火の明かりも、
もはやけっしておまえのうちには輝かない。
花婿や花嫁の声も、
もはやけっしておまえのうちには聞かれない。

なぜなら、おまえの商人たちが地上の権力者となったからであり、
また、おまえの魔術によってすべての国の民が惑わされ、
24 預言者たちと聖なる者たちの血、
地上で殺されたすべての者の血が、
この都で流されたからである。」

アーメン、ハレルヤ　19章1～10節

1 その後、わたしは、大群衆の大声のようなものが、天でこういうのを聞いた。
「ハレルヤ。
救いと栄光と力とは、わたしたちの神のもの。
2 その裁きは真実で正しいからである。
みだらな行いで
地上を堕落させたあの**大淫婦**を裁き、
ご自分のしもべたちの流した血の復讐を、
彼女になさったからである。」
3 また、こうもいった。

「ハレルヤ。
大淫婦が焼かれる煙は、世々限りなく立ち上る。」
4 そこで、二十四人の長老と四つの生き物とはひれ伏して、玉座に座っておられる神を礼拝していった。
「アーメン、ハレルヤ。」

5 また玉座から声がして、こういった。
「すべて神のしもべたちよ、
神を畏れる者たちよ、
小さな者も大きな者も、
わたしたちの神をたたえよ。」
6 わたしはまた、大群衆の声のようなもの、多くの水のとどろきや、激しい雷のようなものが、こういうのを聞いた。
「ハレルヤ、
全能者であり、
わたしたちの神である主が王となられた。
7 わたしたちは喜び、大いに喜び、
神の栄光をたたえよう。

小羊の婚礼の日がきて、
花嫁は用意を整えた。
8 花嫁は、輝く清い麻の衣を着せられた。
この麻の衣とは、聖なる者たちの正しい行いである。」
（9～10節は省略）

17～18章で見守った終末における悪の壊滅と善の繁栄は、盲目的で機械的な動きによって生じるのではありません。天にいながら、大きな関心をもって地上に心を寄せ、人と人にかかわることを見守っているあらゆる天使、殉教者、聖人などの参加があって実現するのです。地上の教会はけっして孤独だと感じることはありません。

その後、わたしは、大群衆の大声のようなものが、天でこういうのを聞いた。「ハレルヤ」（19・1a）。

悪の崩壊という出来事を詩的に歌いあげ、神に光栄を帰しています。「ハレルヤ」の叫びはヘブライ語のハルルー・ヤー、訳せば、「ヤー（神）をほめよ」の音をギリシア語でつづったものです。著者はこれを詩編からとり入れて、この部分で四回使っていますが、ハレルヤという単語は新約聖書にはここにしか見られません。

ハレルヤは文脈からいくらか区別され、ある意味では伴奏みたいなものといえるかもしれません。この賛歌の底流をなしていて、感謝と感動のこもった喜びの調べをこの賛美歌に与えています。ヴァンニは、この栄唱を歌うときにはバックにハレルヤのコーラスがあり、そのうえに賛歌を歌うのがいいと述べているほどです。けれどもハレルヤの喜びは単なる熱狂の叫びではありません。この叫びを動機づける一連の理由があります。すでに実現された悪よりの救い、神の顕現、神がご自分の栄光にわたしたちをあずからせてくださること、これらを実現にまで運んだ力は、すべて、ただひとえに契約の神に属するものであることを「救いと栄光と力とは、わたしたちの神のもの」（19・1b）と歌っています。

すべては神のものです。権能も、悪を覆す力も、救いも、解放も神のものです。

その裁きは真実で正しいからである。
みだらな行いで
地上を堕落させたあの大淫婦を裁き、
ご自分のしもべたちの流した血の復讐を、
彼女になさったからである。（2）

6章10節で殉教者は「真実で聖なる主よ、いつまで裁きを行わず、地に住む者にわたしたちの血の復讐をなさらないのですか」といっていました。ここではその願いが聞き入れられています。悪によってかき乱された調和は回復されました。しかも彼らの祈りの力をはるかに上回る仕方で回復されています。

その血が流された瞬間に教会は当惑し苦しんでいましたが、今、終末の透視図の光のもとで初めて、神がけっして自分に無関心だったのではなかったことを悟り、神がいっさいを承知のうえで、すべてを見守っておられたことを理解します。悪、特にあのバビロンによって乱されていた均衡が完全にとりもどされました。

試練の間、苦労して神に全面的に信頼することを学んだ神の民は、それが間違っていなかったことを歓喜しつつ確かめるのです。神の義のわざ（裁き）は確かにあり、信仰の光に照らされた闇のなかで集会が受け入れたあの約束はむだではなく、神の義のわざは約束どおりに行われたのです。

「煙」は神による悪の破壊の結果を象徴しています。その煙がいつまでも立ち上るとありますが、大淫婦の犯した悪も、救いの役者たちにはポジティブな結果を及ぼします。

「大群衆」は神の民全体を意味し、彼らはもはや救いの歴史の最終段階にいます。4章4節で、二十四人の長老は個人的な救いに達し、他の人々も救いに達するようにと計らっている、いわばわたしたちの保護の聖人たちのような神の民の一部を象徴していました。4章6～8節以来たびたび登場したあの四つの生き物も、神的なダイナミズム、神のもとから発し、人間と接触し、ふたたび神にもどる霊の力を象徴していました。二十四人の長老と四つの生き物は、神の民全体が終末の最終段階に達した今は、その務めを終え、19章4節を最後に黙示録の舞台から姿を消します。

二十四人の長老と四つの生き物は典礼の集会の願いと反応を神にとどける役割ももっていま

すから、集会の内的態度を通訳して「アーメン」といいます。「そうです」という意味と「そうでありますように」という意味合いを兼ね備える言葉です。神の介入のすべてを一つも除外することなく無条件に受け入れる態度です。これは委託であるとともに祈りでもあります。このアーメンにはまた、二十四人の長老と四つの生き物が救いの歴史の初めから今まで参加してきた神のみわざの完結を喜んで「そうだ」と確認する感慨も込められています。

けれども単なる受諾で終わるのではありません。神からいっさいを受け入れるということは、もちろん大切な第一歩ですが、それだけでは足りません。アーメンにハレルヤが続きます。信仰、委託、祈りは賛美という喜びの調べを帯びてきます。

小羊の婚宴

終末は単に悪が滅ぼされることに尽きるものではありません。黙示録の著者はこの瞬間まで悪を克服するという面を掘り下げてきました。それはまさに悪の重荷が人間の歴史にどれほど重大な場を占めているかをよく知っているからです。とはいえ、絶対善への人間のあこがれも非常に強いことを理解しているので、将来のすばらしさを描き始め、これからはますますそれに努めていきます。だれもが心に描いている新しいエルサレムを紹介してくれます。まず荘厳な招きから始めます。

また、玉座から声がして、こういった。

「すべて神のしもべたちよ、
神を畏れる者たちよ、
小さな者も大きな者も、
わたしたちの神をたたえよ。」（19・5）

地上の典礼の集会はこの招きを受け入れ、天上の集会と合同して賛美の声をあげます。
わたしはまた、大群衆の声のようなもの、多くの水のとどろきや、激しい雷のようなものが、こういうのを聞いた。
「ハレルヤ、
全能者であり、
わたしたちの神である主が王となられた。
わたしたちは喜び、大いに喜び、
神の栄光をたたえよう。
小羊の婚礼の日がきて、
花嫁は用意を整えた。
花嫁は、輝く清い麻の衣を着せられた。（イザヤ61・10参照）
この麻の衣とは、聖なる者たちの正しい行いである。」（19・6〜8）

神の国とは、いったんそれが実現すれば、すべて人間の益となるようなものです。神にとって、支配するとは、際限なく愛し、与えることにほかなりません。王国とは婚宴なのです。教会はこの祝宴に備えて準備を重ねてきました。あのマタイ福音書22章1～14節に語られているたとえ話のなかの、婚宴に招かれたのに、それを喜んで受けなかったり、あるいはふさわしい衣装を着けないで出席した者たちとは違い、ここに集う神の民＝教会は招きを受け入れ、こつこつと礼服を準備してきました。

この衣装は何を象徴しているのでしょうか。「花嫁＝神の民」の人格です。典礼の集会は終末の宴のときに実現する陰もくもりもない美しさを思い、賛歌の形で表現しながら味わっています。

けれども具体的にはどうやってそれを準備するのでしょう。黙示録の著者はそれをはっきりさせる必要を感じ、その麻の衣とは「聖なる者たちの正しい行いである」（19・8b）と解説しています。

こうして日常生活に入ります。わたしたちの力を越えるように思える出来事、特にわたしたちに悲しみや苦しみをもたらすことは、「アーメン」と「ハレルヤ」のうちに最も美しい答えを見いだすのです。わたしたちが信仰によって苦労しながら受け入れていくこと、祈りと賛美の心構えも「聖徒たちの正しい行い」です。同じようにキリストとともにあって、終末の日まで、歴史のなかに次々と生まれてくるいろいろなバビロンを克服しようとして教会が果たす努力もまた「聖徒たちの正しい行い」なのです。

わたしたち教会は、キリストを愛しています。けれども私たちは、その愛がキリストの招いてくださっている愛、そしてわたしたち教会自身も切望しているあの妻の愛、すなわちキリストと対等な愛の交わりを結ぶ状態にはほど遠いことを自覚しながら、毎日その婚姻の日の完全な委託に備えていくのです。

キリストの介入による敵対勢力の絶滅　19章11節～20章10節

この部分は白馬の騎手キリストの荘厳な紹介（19・11～16）の後、キリストと敵対勢力との戦いが二つの局面に分けて繰り広げられます。

◆白馬の騎手キリストの荘厳な紹介　19章11～16節（U.Vanni *"L'Apocalisse"* 318～328ページ参照）

[11]そして、わたしは天が開かれているのを見た。すると、見よ、白い馬が現れた。それに乗っている方は、「誠実」および「真実」と呼ばれて、正義をもって裁き、また戦われる。[12]その目は燃え盛る炎のようで、頭には多くの王冠があった。この方には、自分のほかはだれも知らない名が記されていた。[13]また、血に染まった衣を身にまとっており、その名は「神の言葉」と

呼ばれた。[14]そして、天の軍勢が白い馬に乗り、白く清い麻の布をまとってこの方に従っていた。[15]この方の口からは、鋭い剣が出ている。諸国の民をそれで打ち倒すのである。また、みずから鉄の杖で彼らを治める。この方はぶどう酒の搾り桶（ぶどうの実の圧搾穴。以下新共同訳の搾り桶を酒ぶねと訳す）を踏むが、これには全能者である神の激しい怒りが込められている。[16]この方の衣と腿《もも》のあたりには、「王の王、主の主」という名が記されていた。

この段落は二つの文学的様式を交えて構成されています。体のさまざまな部分を描写することによって人物をたたえる様式と、名前を次第に明らかにすることによって人物をたたえる様式とを交えた形で、白馬の騎手が描写されています。

第一の様式を見ると、12節で目と頭、13節で衣服、15節で口、16節で腿がとりあげられています。このように体の各部を描写することにより、次第にその人物に特別の関心が集中されていくのです。第二の名前について見ると、

11節「それ（白い馬）に乗っている方」「誠実」および「真実」
12節「自分のほかはだれも知らない名」
13節「神の言葉」
16節「王の王、主の主」

という名が上げられています。名前は人物をさし示すだけでなく、特徴づけます。このように

名前を畳み重ねていくことによっても、聞き手の注意をこの人物に集中させようとの意図がうかがえます。なお11節から16節までのわずか六節の間に著者が「彼」という代名詞を八回用いている事実からも、この部分ではこの人物に関心が絞られていることが明らかです。

主格12節　彼のほかはだれも知らない名（自分のほかは）
　15節　彼は（みずから）鉄の杖で彼らを治める。彼は（このかたは）ぶどう酒の酒ぶねを踏むが
属格12節　彼の目、彼の頭の上には（その目、頭には）
　13節　彼の名（その名）
　15節　彼の口（この方の）
　16節　彼の腿（この方の）
与格14節　彼に（この方に）　　（　）内は新共同訳

著者はこの段落ではシンボルをつねにもまして豊かに用いています。これらのシンボルは互いに関連がなく、個々に独立したシンボルとして解釈しなければならないものですから、解読を進めるさいには、一つずつその意味を解いていかなければなりません。

すでに用いてきた表現を繰り返すこともこの部分で目立つ特徴の一つです。左にそれが一望できるよう、併置してみました。

（U.Vanni *"L'Apocalisse"* 319～320ページ）

19章11～16節

19章11 そして、わたしは天が開かれているのを見た。
するると、見よ、白い馬が現れた。それに乗っている方は、
「誠実」および「真実」と呼ばれて
また、正義をもって裁き、
また戦われる。
12 彼の目は燃え盛る炎（のようで）

その他の章節

4章1 その後、わたしが見ていると、見よ開かれた門が天にあった。
6章2 ……見よ、白い馬が現れ、乗っている者は、弓をもっていた。彼は冠を与えられ、勝利のうえにさらに勝利を得ようと出ていった。
1章5 証人、誠実な方……（イエス・キリスト）
3章14 誠実で真実な証人……
1章14 彼の目はまるで燃え盛る炎
2章18 目は燃え盛る炎のようで

彼の頭には多くの王冠があった。
彼には、彼のほかはだれも知らない名が
記されていた。
13 また、血に染まった衣を身にまとって
おり、
その名は「神の言葉」と呼ばれた。
14 そして、天の軍勢が白い馬に乗り、白
く清い麻の布をまとってこの方に従っ
ていた。
15 **彼**の口からは、鋭い剣が出ている。

17 （また、白い小石を与えよう。その小
石には、これを受ける者のほかにはだれ
にもわからぬ新しい名が記されてい
る。）

14章4 この者たちは、小羊の行くところへは、
どこへでも従っていく。

19章7―8 小羊の婚礼の日がきて、花嫁は用意
を整えた。花嫁は、輝く清い麻の衣を着
せられた。この麻の衣とは、聖なる者た
ちの正しい行いである。

1章16 彼の口からは鋭い両刃の剣が出て

彼は諸国の民をそれで打ち倒すのである。

また、**彼**はみずから鉄の杖で彼らを治める。

この方はぶどう酒の酒ぶねを踏むが、これには全能者である神の激しい怒りが込められている。

2章12 鋭い両刃の剣をもっている方が

2章16 わたしの口の剣でその者どもと戦おう。

2章26―27 わたしは、諸国の民の上に立つ権威を授けよう。彼は鉄の杖をもって彼らを治める。

12章5 女は男の子を産んだ。この子は、鉄の杖ですべての国民を治めることになっていた。

14章19―20 そこで、その天使は、地に鎌を投げ入れて地上のぶどうをとり入れ、これを神の怒りの大きな酒ぶねに投げ入れた。酒ぶねは、都の外で踏まれた。すると、血が酒ぶねから流れ出て、馬のくつわにとどくほどになり、千六百スタディオンにわたって広がった。

16 この方の衣と腿のあたりには、一つの名前が記されていた。「王の王、主の主」

17章14 この者どもは小羊と戦うが、小羊は主の主、王の王だから、彼らに打ち勝つ。

表を見れば明らかなとおり、黙示録第一部からも第二部からも文字どおり、あるいはそれに近い引用をしていますが、同時に、今まで見られなかった意味深い加筆もあります。傍線を付した部分がそれです。それらの部分を比較検討するのはテキスト理解の助けになるでしょう。

以下、この部分をていねいに読んでみましょう。

11節の「開かれている」と訳されているギリシア語動詞の時制は、天が地に対してもうずっと開かれた状態にあることを意味する時制です。それはすなわち、時空を超越する神の世界が人間にとって近づき得るものとなったことを示しています。もはやあの四つの「生き物たち」の介入は必要ではありません。彼らが長老たちと最後に現れるのは19章4節です。第二部の冒頭4章1節では「その後、わたしが見ていると、見よ、開かれた門が天にあった」とあり、時空を越える神の世界は、「門」で象徴されているように非常に限られた形で人間に開かれていましたが、もはやそのような制限はありません。

この天が開かれた状態にあるというのは、地上に対して開かれているということです。続く段落で詳細に示される白馬の騎手の行動は、人間の出来事に関連しています。天が完全に決定的に開かれているのは地に対してであり、それは人間の出来事のなかに現存する時空を超える要素の理解を助けてくれます。

「見よ、白い馬が現れた」（11）

馬は動物のシンボルの一種ですから、人間を超えるけれども神の配下にある次元にかかわることを象徴するものです。馬が象徴する力は歴史のなかで展開し歴史を逆転させるほどのものですが、その詳細までも検証することは人間にはできないわざです。白という色は、黙示録全体をとおしていつも、キリストの復活と関連する、この世を超える次元をさし示しています。ですから、白い馬というシンボルから浮かび上がるのは、キリストの復活からほとばしり出て歴史のなかに注がれた人間を超える超自然のエネルギーです。

騎馬の人はここでも6章2節の場合と同じように、シンボルとしては馬と一体となった一つのシンボルです。6章2節では騎手は武器（弓）を手にしていました。しかし、あたかもその使命を果たし終えたかのように「彼は冠を与えられ」とありました。「勝利のうえに勝利を得ようと出ていった」「勝利のうえに」と訳されているのは「勝つ」という動詞の現在分詞で、継続的に勝つことを意味し、「勝利を得ようと」と訳されている部分には同じ動詞のアオリスト接続法が用いられており、ある時点で勝利をする意味合いがあり、彼がやがて最終的な勝利をもたらすだろうということを示しています。6章2節が示していたのは赤、黒、もえぎ色という色の馬で象徴されていたネガティブな力（暴力、社会不正、死）に対抗して、復活者キリストが歴史のなかに働かせるエネルギーでした。

ここ19章11節では、まず騎手に名前が与えられています。「呼ぶ」という動詞が名前に関して「呼ばれる」というふうに受動形で用いられている場合、黙示録では解読している教会共同体がそう名づけているのです（11・8と12・9参照）。6章2節では、歴史の流れのなかで活発に働く復活したキリストのエネルギーとして紹介された白馬の騎手というシンボルが、いまや人格として見えてきて、誠実および真実と名づけられたのです。歴史の結末に至って解読者は神の契約とすべての約束は実現をみたということを確認したのです。それは復活のキリストによって実現され、そのキリストはある意味で実現された結果とも一致するのです。頂点に達して歴史は神の誠実と真実を表現します。そしてその神の真実と誠実はキリストという方のうちに凝縮され、総括され、要約されるのです。

「また正義をもって裁き、また戦われる」（11b）

この二つの表現は他の箇所には見られない、このパラグラフ特有のものです。神の約束をどのようにキリストが実現するかをいい表しています。「正義をもって」とは神の約束に首尾一貫した仕方でを意味し、「裁き」とははむかうものをダイナミックにくつがえしながらの意であり、「戦う」は、ここでは「正義をもって裁き」の同義語と理解することができます。

「彼の目は火の炎で（新共同訳　燃え盛る炎のようで）」（12a）

12節には、解釈にある程度影響を及ぼすほどの本文批判上の問題があります。

聖書の数多い写本を比較対照してみると、意味にも影響を及ぼすような違いが発見されることがあります。新共同訳が底本としたギリシア語新約聖書では、12節の「火の炎で」（新共同訳燃え盛る炎のように）という部分で「ように」と訳されているホスという前置詞をかっこのなかに入れています。このかっこの意味は、この言葉が写本によってあったりなかったりして、そのどちらにも応分の根拠があるために、編集責任をもつ委員会は、委員会としてどちらかを選ぶという決定をしかね、それぞれの学者たちの判断に任せるということを意味します。新共同訳はこの前置詞のあるほうの読みを選んでいます。

今かりに、原文には前置詞がなかったものと考えてみましょう。その場合、なぜこの前置詞ホスが本文にとり入れられたのかは、ある程度推測がつきます。12節の「その目は燃え盛る炎」という言葉はここで初めて登場するわけではなく、1章14節と2章18節にも見られました。しかもその二つの箇所では同じ「その目は燃え盛る炎」という言葉の前に「ホス」があり、「その目は燃え盛る炎のよう」と書かれています。そこで、無意識のうちにこれを覚えていた書記は、つい筆をすべらしてしまう可能性がありますし、反対に意識している場合には、これが抜けていると思って書き加えることが容易に起きます。これに反して、もし彼が書き写していた元の写本に前置詞があったのなら、なぜ書記がそれを抜かしたのかは「見落とした」ということ以外に説明がつきにくいわけです。本文批判では普通「むずかしいほうのテキスト」を選ぶというのが原則です。そこでこの仮説のほうがある意味で可能性が高いといえます。

キリストの目はすでに1章14節と2章18節で「燃え盛る炎のよう」と紹介されていました。そのさい「燃え盛る炎のような目」とは、復活したキリストがご自分の教会を裁く権威をもっているということに関する叙述でした。目は見て正確に評価する能力です。「燃え盛る炎」と訳されている部分はギリシア語では「火の炎」とあります。「炎の形をした火」の意味でしょう。つまり火は火でも埋もれ火とか燃えさしのような火ではなく、炎上する火、めらめらとなめ尽くすような火なのです。炎はどんなところにも入り込みます。したがって燃やすべきものに効果的に到達する火であり、見て悪と認めたことを焼き尽くす火を意味します。

先の二例では、悪を破壊するキリストの裁きの力はご自分の教会に向けられていました。炎の形をした火の効果はあり、確かに悪の破壊はあるとはいえ、清めの展望のもとで語られているので、炎の「よう」と限定があるのだと思われます。19章の場合、もしわたしたちが「ホス」のないほうのテキストを選ぶなら、限定なしに「燃え盛る炎」です。その全力をもって焼き尽くす炎そのものです。実際、キリストの破壊力のある裁きが向けられているのは、この場合は彼の教会ではなく、歴史をつうじて彼に敵対した悪そのものに向けられています。

「頭には多くの王冠があった」(12a)

王冠(ディアデマ)は14章14節の雲の上に座っていた「人の子のような方」キリストの頭にあった金の冠(ステファノス)とは違います。冠は一般的で、何かの勝利の褒美として与えられる冠ですが、ディアデマはペルシア語に由来する言葉で、白い飾りを施した青い延べ板の鉢巻きのようなもので、王の額につけました。この言葉は新約では黙示録だけに三回見られます。12章3節では竜について「その頭には七つのディアデマをもっていた」とあり、第一の獣については「それら（十本）の角には十のディアデマがあり」（13・1）とあります。この二つの例はいずれも悪魔的な根をもつネガティブな権力で、「地上の王たち」によって行使される権力を意味しています。今、裁き手であるキリストについては、「頭には多くの王冠（ディアデマ）があった」とあります。多くの王冠はキリストの人格そのものに関連するのではなく、彼がその裁きをもって地上の王たちを打ち負かすメシアであるという使命に関連するものです。

地上の王たちの敗北は、この段落に続く17〜21節に詳しいのですが、19章19〜20節を読んでみましょう。

[19] わたしはまた、あの獣と、地上の王たちとその軍勢とが、馬に乗っている方とその軍勢に対して戦うために、集まっているのを見た。[20] しかし、獣はとらえられ、また、獣の前でしるしを行った偽預言者も、いっしょにとらえられた……

地上の王たちに対する勝利のしるしとして、キリストは彼らの王としてのしるしである王冠を自分のものとするのです。地上の王たちは歴史のなかに現れた神に敵対するさまざまな権力の中枢に適用できる変数ですから、それは無数にあり得るので、「多く」と書かれています。もはや「地上の王たち」は存在せず、ただ一人「王の王」であるキリストがあるのみという意味が込められています。

「この方には、自分のほかはだれも知らない名が記されていた」（12b）

だれも逆らうことのできない裁き、裁きを下すと同時に悪を無に帰してしまう騎手は、単なるエネルギーではなく、すでに見たとおり一個の人格です。「呼ばれ」という表現によって人格であることは暗示されていましたが、ここではさらに「名をもっている」とあり、しかもその名は「書かれてしまっている」（完了形）とあるので、十全的な意味で人格であることが強調されています。彼は一つの名を有し、その名は記されており、そのままに残るのです。

その名は彼のアイデンティティそのものであり、彼以外のだれも定義することはできません。「自分のほかはだれも知らない」という12節の表現は、わたしたちに2章17節を想起させます。そこでは「勝利を得る者に」名を与えるのはキリストでした。そしてその名は白い小石に書かれており、「これを受ける者のほかにはだれにもわからぬ新しい名」とありました。今19章12節では、名の知識をもつのはキリスト自身です。彼が何者かを把握しているのはキリストだけであり、彼のみが自分の人格の秘密を知っておられます。それはすなわち、キリストがだれからも支配されることのない絶対的存在であることを暗示しています。しかしこの時点で解読者は、最終段階を垣間見せていただいているのであり、もう天が地に対して開かれているということを考慮するなら、彼のほかはだれも知らない名に気づくことができたのでしょう。

歴史におけるこの世を越えたキリストの臨在があります。ただ人間はその臨在を詳細にわたってとらえるレベルにはありません。出来事が進行しているときにすぐキリストの臨在のしるしに気づき、ただちにそれをキリストご自身と関係づけ、キリストの復活と関係づけることはできないのです。だからこそ、著者はキリストと呼ばず、小羊（アルニオン）といいます。小羊というシンボルはまえに見たとおり、動物の形で表現するシンボルの一つですから、他の動物のシンボルと同じく、神の超絶性よりは下位にあるが人間には吟味できない現実を示すものです。キリストがわたしたちの現在の歴史のなかで行動されるとき、わたしたちは直接キリストをキリストとして知覚することはできません。ただ彼の臨在の結果を見ることができるのであり、そのみ名（すなわち彼のアイデンティティそのもの）を十全に読みとることはできないのです。ただ彼の臨在を信じるだけで、出来事のなかに彼ご自身を見ることはできません。それができるのは決定的な終末においてのことなのです。

「彼は血に浸された（新共同訳　血に染まった）衣をまとっており、その名は『神の言葉』と呼ばれた」(13)。

衣というシンボルは、それをまとっている人の特質で、しかも他者が知覚できるものを象徴します。この衣はキリストについて述べられている唯一の衣服です。衣と訳されている単語自身は衣服であれば何についてもあてはまる言葉で、ときには上着やマントを表すこともあります。黙示録ではいつも衣一般を表しています。したがってこの衣はキリストの特性、しかも人々が見ることのできる特性を示しているものと考えられます。この着物は血に浸されています。新共同訳では「染まった」と訳されている言葉は完了形で、浸され、ずっと今に至るまで浸っているというニュアンスをもっています。

いったい、これは何を意味するのでしょう。二つの回答が考えられます。一つは敵の血、敵に勝利を博して返り血を浴びるさま。たとえば佐竹氏はこの説を支持しています（『黙示録　下』559ページ）。これは勝利者キリストが目に見える形で象徴されているということができ、このような解釈を支える根拠としてはイザヤ書63章1～3節があげられています。

「エドムからくるのはだれか。
ボツラから赤い衣をまとってくるのは。
その装いは威光に輝き
勢い余って身を倒しているのは。」
「正義をもって語り、（新共同訳　わたしは勝利を告げ）
救いを施す力あるわたしがそれだ。」（新共同訳　大いなる救いをもたらすもの）
「なぜ、あなたの装いは赤く染まり
衣は酒ぶねを踏む者のようなのか。」
「わたしはただひとりで酒ぶねを踏んだ。

諸国の民はだれひとりわたしに伴わなかった。
わたしは怒りをもって彼らを踏みつけ
憤りをもって彼らを踏み砕いた。
それゆえ、わたしの衣は血を浴び
わたしは着物を汚した。」（イザヤ63・1〜3）

これを読むと、著者の念頭にこのテキストがあったことは疑えません。イザヤ書も黙示録も、その文脈のなかで「正義をもってする裁き」「衣」「酒ぶねを踏む」ことに言及しています。しかし黙示録とイザヤ書には違いも見られます。イザヤ書においては、酒ぶねを踏むのは神で、その衣が赤いのは神の敵が、ぶどうの実が圧搾穴のなかで踏みつぶされるように、神の怒りによって踏み砕かれ、その返り血を浴びたからです。

黙示録では、表現はもっと強烈で、象徴している意味は別のことを示しているように思われます。衣は血の染みがついているのでも、返り血を浴びているのでもなく、恒常的に血に浸されています。そればかりでなく、黙示録は衣の色については語りません。もちろん血に浸っているなら、当然、赤いと思うのが普通でしょう。けれども、黙示録の洗練されたシンボルの世界では、自然的に当然な結果をそのままあてはめることはできません。7章14節では小羊の血で洗った衣は白くなっています。このようなことを考えると、「血に浸された」という言葉は、イザヤ書のいう「返り血を浴びた」以上のことを意味するのではないかと思われます。以上というばかりでなく、別のことを意味するのではないでしょうか。他の先達とともにヴァンニやM・E・ボーリング（『ヨハネの黙示録』296ページ）はこれにキリストの受難の血を見ています。

黙示録14章17～20節とわたしたちのテキストを比較してみましょう。

17また、別の天使が天にある神殿から出てきたが、この天使も手に鋭い鎌をもっていた。18すると、祭壇のところから、火をつかさどる権威をもつ別の天使が出てきて、鋭い鎌をもつ天使に大声でこういった。「その鋭い鎌を入れて、地上のぶどうの房をとり入れよ。ぶどうの実はすでに熟している。」19そこで、その天使は、地に鎌を投げ入れて地上のぶどうをとり入れ、これを神の怒りの大きな酒ぶねに投げ入れた。20酒ぶねは、都の外で踏まれた。すると、血が酒ぶねから流れ出て、馬のくつわにとどくほどになり、千六百スタディオンにわたって広がった。

14章20節の酒ぶねは、明らかに神の怒りの酒ぶねであり、キリストの受難にあてはめることはできません。イザヤ書では「なぜ、あなたの装いは赤く染まり、酒ぶねを踏んだようなのか」という問いに対し、「わたしはただひとりで酒ぶねを踏んだ……わたしは怒りをもって彼らを踏みつけ、憤りをもって彼らを踏み砕いた。それゆえ、わたしの衣は血を浴び、わたしは着物を汚した」（63・3）とあり、衣の色と酒ぶねを踏むこととは因果関係で結ばれています。

しかし、黙示録の場合はイザヤ書とは異なり、「神の怒りの酒ぶねを踏むこと」と「血に浸された衣」とは区別されています。14章19節では、とり入れられた地上のぶどうの実は、神の怒りの大きな酒ぶねに投げ入れられ、20節では酒ぶねは都の外で踏まれます。すると血が酒ぶねから流れ出て、馬のくつわにとどくほどになります。しかしこの場面では衣への言及はまったくありません。今わたしたちが読み解こうとしている19章の場合、15節では神の怒りの酒ぶねに触れて、「この方はぶどう酒の酒ぶねを踏むが、これには全能者である神の激しい怒りが込められている」とありますが、衣と酒ぶねは何も関連づけられていません。「酒ぶね」と「血に浸された衣」はそれぞれ独立したシンボルとして用いられています。

これらのことを考慮したうえで、5章8～9節を想起してみましょう。

[8]巻物を受けとったとき、四つの生き物と二十四人の長老は、おのおの、竪琴と、香のいっぱ
い入った金の鉢とを手にもって、小羊の前にひれ伏した……[9]そして、彼らは新しい歌をうたっ
た。

「あなたは……ほふられて……
あらゆる民族と国民のなかから、
ご自分の血で、神のために人々をあがなわれ、
彼らをわたしたちの神に仕える王、また、祭司となさったからです。

彼らは地上を統治します。」

5章9節では小羊の血に、地上でみ国を打ち立てるという力強いエネルギッシュな効果を認めています。12章11節ではすでに見たとおり、「兄弟たちは、小羊の血と自分たちのあかしの言葉とで、彼（竜）に打ち勝った」と述べ、小羊の血がキリスト者の勝利の要因としてあげられています。そこで衣が浸されている血は、キリストの血、すなわち受難と関連していると結論づけることができます。そうすると「浸されている」ということが正当化されます。単に血を浴びているのではなく、その血に浸っているということは全面的に恒常的にキリストの受難とかかわっていることを示します。あの受難こそは、キリストを「ほふられたと見えるが立っている」すなわち復活したキリストとするのであり、ご自分の敵たちに対しても今から語られるような徹底した勝利者とするのです。

イザヤ書63章1〜3節とわたしたちのテキストとの関係は、酒ぶねの場合には共通点が見られますが、衣の場合には共通点は外見だけのことと思われます。

「その名は『神の言葉』と呼ばれた」（13ｂ）

ふたたび名前のことがとりあげられ、その名が明らかにされます。前節12節の「自分のほかはだれも知らない名が記されていた」ということと一見矛盾しています。ここでは名前が知られているだけでなく、呼ばれている、すなわち宣言されているとあります。そしてその動詞は受動形直接法完了形であって、すでにその名で呼ばれており、そのように呼ばれ続けることを示しています。それではだれが、白馬の騎手を「神の言葉」という名で呼ぶのでしょうか。この問いに答えるためには、まず「神の言葉」という名前を分析してみる必要があります。「神の言葉」は、わたしたちにすぐ第四福音書のロゴスを思い出させますが、両者の関係は非常に限られています。黙示録の「神の言葉」という名は、第四福音書1章4節の場合のような、三位のめくるめく世界とは関係がありません。

「神の言葉」という表現は、むしろ知恵の書18章の14～16節から光を得ていると考えることができます。

沈黙の静けさがすべてを包み、
夜が速やかな歩みで半ばに達したとき、
あなたの全能の言葉は天の王座から、
情け容赦のないつわもののように、この滅びの地に下った。
それは、とり消しのきかないあなたの命令を
鋭い剣のように手にして、
すべてを死で満たし、
天に触れながらも、地を踏んで立っていた。（知恵18・14～16）

ここでは神の言葉はエジプト脱出の夜の主役と見なされています。神の言葉のおかげで、敵

に打ち勝ち、新しい創造を実現することができたのでした。

キリストは、そのわざを考察する人々から「神の言葉」と関連して「誠実で真実」と呼ばれるだけでなく、歴史に実現した「神の言葉」そのものとさえ呼ばれるのです。キリストはこうして、神のあらゆる言葉の充満を含んでいる新しい創造の究極的実現であり、また反対に、新しい創造は実現された言葉としてのキリストそのものなのです。

すでに第1章の開始の祭儀のなかで最初から「誠実」（1・5）と呼ばれ、3章14節では「誠実で真実な方」と呼ばれていたキリストは、今、わたしたちの扱っている理念的に終末のレベルにある段落では、いちだんと明確な名「神の言葉」と呼ばれています。ここでキリストを「神の言葉」と呼ぶ主体は、ヨハネの導きのもとに解読を進めている教会共同体ということができます。ヨハネに従って黙示体験を経てきた人々は種々の段階を経て、キリストは「神の言葉」であるとの体験に達したのです。

14節は文脈を中断するかのように神の言葉には天の軍勢が従っていることを告げます。文脈は戦いですが、この軍勢については戦いに関することは何も語られず、白く清い麻の布をまとっていることだけが述べられています。これは19章8節の終末の婚宴の準備が整った花嫁の「輝く清い麻の衣」をふたたびとりあげたものです。輝きと清さはひとえに神の恵みであり、麻は19章8節に「この麻の衣とは、聖徒たちの正しい行いである」とあったとおり、許嫁《いいなずけ》であったときの働きの実でもあります。

15節を原文の語順に近づけて並べながら訳すと、

a　そして　彼の口からは
　　　　出ている　鋭い　剣が
　　　　撃つために　それでもって　諸国の民を
b　そして　彼は
　　　　牧する　彼らを　鉄の杖で
c　そして　彼は
　　　　踏む　ぶどう酒の酒ぶねを
　　　　　　　激情の
　　　　　　　　怒りの
　　　　　　　　　神の
　　　　　　　　　　全能の（19・15）

三回も彼という代名詞を繰り返すことによってキリストが強調されています。

aでは、1章16節や2章12、16節に記されていた「口から出る剣」が登場しますが、すでに見たとおり、キリストの言葉を象徴しています。この言葉は直接語られる場合と間接に出来事をとおして表現される場合があります。15節の場合は後者のほうです。しかも新しい出来事のうちに具現された言葉はキリストご自身に収斂し、諸国民を打ち、悪を滅ぼします。

b「また、彼は鉄の杖で彼らを牧する」はすでに何回か見た詩編第2編の「おまえは鉄の杖で彼らを打ち」(9)の援用です。話は進展して、まさにキリストが鉄の杖で牧し、神の怒りのぶどう酒の酒ぶねを踏む、と続きます。

c酒ぶねを踏むというイメージで、歴史の流れのなかですでに機が熟し、最後に実現する神の敵に対する勝利がほかならぬキリストによってもたらされることがふたたび明らかにされています。

歴史の終点で描かれるキリストは、キリスト者を歴史の過程においてご自分の活動に参加させ、その頂点においてもご自分にくみさせるとはいえ、みずから歴史を完成させるかたです。彼に敵対する異邦の国々も彼に屈伏し、羊飼いが杖で羊を導くようにキリストがすべてを導かれます。

「これには全能者である神の激しい怒りが込められている」(15e)

14章19~20節では終末のぶどうのとり入れが語られ、歴史のなかで実ったぶどうの実が最後に収穫され、酒ぶねに投げ込まれました。またぶどうのとり入れの場合は、直前の15~16節の穀物の刈り入れの場合とは違い、ネガティブな意味が込められていました。あのぶどうは歴史の過程で積み重ねられてきた悪、終末には神によって壊滅させられる悪を表現しています。14章19節後半には「これを神の怒りの大きな酒ぶねに投げ入れた」と記されています。また踏みつぶされるぶどうが人間についてであることは、「酒ぶねは都の外で踏まれ」（20）などという表現にも見られるとおりで、人間生活の文脈におかれています。また酒ぶねから流れ出るのはぶどう汁のはずですが、恐ろしいほど多量の「血」であると記されていました。以上の文脈がここでふたたびとりあげられ、直接キリストと結ばれています。14章20節では「踏まれた」と婉曲に神の行為を示す神的受動態で語られていましたが、19章の場合、キリストを主語とする能動態で語られ、「この方はぶどう酒の酒ぶねを踏むが」（15）とあります。動詞の時制は現在です。それは、この場面が歴史の結末におかれているからです。

「ぶどう酒」の、神との関連の解釈にも発展が見られます。14章19節では「神の怒りの大きな酒ぶね」だったものが、ここでは五つもの形容詞を伴うぶどう酒の入った酒ぶねとなっています。ぶどう酒は「激情」を表現するものであり、その激情は「怒り」となり、しかもその怒りはただの人間の怒りではなく、神の怒りです。神、しかも全歴史をつかさどる全能の神の怒りです。

これを踏んでいるのはキリストご自身であり、キリストは歴史のなかで神の言葉を実現し、みずからを神の言葉として示すお方です。血となったぶどう酒はここではもはや14章20節のような神とキリストとの敵の血とは語られていません。この事実はわたしたちが衣の浸っている「血」について考えたことの正当さを裏づけてくれます（268〜270ページ参照）。

「この方の衣と腿のあたりには、『王の王、主の主』という名が記されていた」（16）着物というシンボルには、他者とのかかわりという観点から人格を表す意味があります。〇〇の〇〇というい方は、ヘブライ語で最上級を示す表現形式なので「王の王、主の主」とは、王といえばこの方しかいない最高の王、主といえばこの方しかいない最高の主を意味します。主の主という表現は申命記10章17節などに出てくる「主なる者のなかの主」の七十人訳の訳語で、まさにＹＨＷＨの称号です。

（注・ＹＨＷＨとは、イスラエルの神の固有の名を示す聖四文字のローマ字書き。ユダヤ教徒は、この名をみだりに呼ばず、声を出して読む場合はアドナイ（わが主）と読む。本来の発音はさだかではないが、ヤハヴェと発音されたと解する学者が多い。しかし、ユダヤ教徒の伝統を尊重して新共同訳聖書はＹＨＷＨをすべて主と訳している。）

以上、ヨハネが11節から16節にかけて紹介してきたキリストこそ、わたしたちが歴史の終わりに出会う方なのです。

◆終末の戦いにおけるキリストの敵対者たちの敗北の予告　19章17～21節

17 わたしはまた、一人の天使が太陽のなかに立っているのを見た。この天使は、大声で叫び、空高く飛んでいるすべての鳥にこういった。「さあ、神の大宴会に集まれ。18 王の肉、千人隊長の肉、権力者の肉を食べよ。また、馬とそれに乗る者の肉、あらゆる自由な身分の者、奴隷、

小さな者や大きな者たちの肉を食べよ。」[19]わたしはまた、あの獣と、地上の王たちとその軍勢
とが、馬に乗っている方とその軍勢に対して戦うために、集まっているのを見た。[20]しかし、
獣はとらえられ、また、獣の前で**しるし**を行った偽預言者も、いっしょにとらえられた。この
しるしによって、獣の刻印を受けた者や、獣の像を拝んでいた者どもは、惑わされていたので
あった。獣と偽預言者の両者は、生きたまま硫黄の燃えている火の池に投げ込まれた。[21]残り
の者どもは、馬に乗っている方の口から出ている剣で殺され、すべての鳥は、彼らの肉を飽き
るほど食べた。

天使が登場し、戦いに先立ってキリストに敵対する王たちの肉、千人隊長の肉、権力者の肉が鳥の餌食として与えられることが告げられます。この場面の下敷きになっているのはエゼキエルがゴグの滅亡を告げたときの描写（39・4、17～20）です。このような天使の布告はキリストの勝利の確実さをまえもって伝えるものであり、また鳥の餌食になるということは、葬られないということを前提としていますから、キリストに対抗する者の死の不名誉さを強調しています。

登場のときとは逆の順序で、まず地上の王たちがその部下たちとともに登場し（17～18）、ついで獣とその偽預言者、つまり13章で登場した第一の獣（権威の中枢）と第二の獣（この権威を支持し喧伝する者）が登場しますが、ともに、あるいは鳥の餌食となり、あるいは火の池に

投げ込まれて滅ぼされることが宣言されます（20～21）。竜がまだ残っていますが、これはこの戦いの第二の局面で（20・1～10）滅ぼされることになっています。

◆キリストの最終的介入の第二局面　サタンすなわち竜に対する裁き　20章1～10節

1わたしはまた、一人の天使が、底なしの淵の鍵と大きな鎖とを手にして、天から降ってく
るのを見た。2この天使は、悪魔でもサタンでもある、年を経たあの蛇、つまり竜をとり押さ
え、千年の間縛っておき、3底なしの淵に投げ入れ、鍵をかけ、その上に封印を施して、千年
が終わるまで、もうそれ以上、諸国の民を惑わさないようにした。その後で、竜はしばらくの
間、解放されるはずである。
4わたしはまた、多くの座を見た。その上には座っている者たちがおり、彼らには裁くこと
が許されていた。わたしはまた、イエスのあかしと神の言葉のために、首をはねられた者たち
の魂を見た。この者たちは、あの獣もその像も拝まず、額や手に獣の刻印を受けなかった。彼
らは生き返って、キリストとともに千年の間統治した。5その他の死者は、千年たつまで生き
返らなかった。これが第一の復活である。6第一の復活にあずかる者は、幸いな者、聖なる者
である。この者たちに対して、第二の死は何の力もない。彼らは神とキリストの祭司となって、
千年の間キリストとともに統治する。
7この千年が終わると、サタンはその牢から解放され、8地上の四方にいる諸国の民、ゴグ

とマゴグを惑わそうとして出ていき、彼らを集めて戦わせようとする。その数は海の砂のように多い。[9]彼らは地上の広い場所に攻め上っていって、聖なる者たちの陣営と、愛された都とを囲んだ。すると、天から火が下ってきて、彼らを焼き尽くした。[10]そして彼らを惑わした悪魔は、火と硫黄の池に投げ込まれた。そこにはあの獣と偽預言者がいる。そして、この者どもは昼も夜も世々限りなく責めさいなまれる。

キリストの最終的介入の第二局面で、キリストが徹底的に竜を打ち負かす場面です。ヴァンニによれば（"*Apocalisse*" 123ページ参照）、著者はいつどのようにこの敗北が実現するかということについて考えています。まず方法については、神秘的な復活の先どりによってキリストと特別に協力するよう召された人々全員が、積極的に貢献して実現すると述べます。この人々のなかで第一位を占めるのは殉教者です。

サタンとキリストの対立の時に関しては、対立するこの二つの力のいずれのがわにも、一時的に優勢になる時期というものがあると述べ、図式的にそれをキリストが勝利を占める千年と、サタンが一見優勢に立つしばらくの時という形で描写しています。この千年としばらくの時は質的なもので、時間の延長としての量的時間ではありません。神の時という表現そのものが矛盾なのですが、ともかく神の時と呼ばれるものは、わたしたちの時間をもっては計ることができず（二ペトロ3・8参照）、質的には充実したものです。これに反し、サタンの時は、神の時と同じくわたしたちの時では計れないにもかかわらず、充実した神の時の前ではとるにたらないものだというのが著者の見解だと思われます。

第一の復活（5〜6）について一言。救いの企画を活発に推し進めるよう協力するため、救いの先どりを許されるのは、ある人々にだけ与えられる神のたまものであると著者は述べています。このたまものを受けた人たちは、復活されたキリストの傍らにあって、すでに復活の恵みを享受しています。この復活は一種の初穂としてすべてを代表するという意味と、すべての人の復活に先立つという二重の意味で第一の復活と呼ばれています。これは機能的な展望に立つ復活ではあっても、滅びを意味する第二の死を除外する真の救いの復活です。この第一の復活の恵みを受けている人たちはキリストと神に対して祭司の役割を果たし、キリストの支配にあずかる、とヨハネは述べています（"*Apocalisse*" 56ページ参照）。ここに注目したいと思います。ヨハネは神の民＝教会の一員の十全な姿は祭司的な姿であり、同時にキリストの牧者としての配慮に参与するものであるという見方（6）を明らかにしています。これは現代に訴えるもので、注目に値します。現代こそ、一人ひとりがこの自覚をもって生きるよう、破壊された自然も、病んだ社会も、人々も、切実にわたしたちにそれを期待していると思うからです。真のイスラエルとしての教会は、神とその全被造界の間をとりなす存在であるはずで、キリストのように、神といっさいに対して謙虚に温かく開かれたものであるよう招かれているからです。

この部分の注釈の歴史は複雑で、さまざまな、ときには字句にとらわれすぎた解釈から生まれた一千年王国説により、むだな試みや失望、はかない希望を繰り返してきました。いまだにその余波はあるようです。けれども上記のような象徴的解釈を優先するべきでしょう。

決定的裁き　20章11～15節

11 わたしはまた、大きな白い玉座と、そこに座っておられる方とを見た。天も地も、そのみ前から逃げていき、行方がわからなくなった。12 わたしはまた、死者たちが、大きな者も小さな者も、玉座の前に立っているのを見た。いくつかの書物が開かれたが、もう一つの書物も開かれた。それは命の書である。死者たちは、これらの書物に書かれていることにもとづき、彼らの行いに応じて裁かれた。13 海は、そのなかにいた死者を外に出した。死と陰府《よみ》も、そのなかにいた死者を出し、彼らはそれぞれ自分の行いに応じて裁かれた。14 死も陰府も火の池に投げ込まれた。この火の池が第二の死である。15 その名が命の書に記されていない者は、火の池に投げ込まれた。

この段落は黙示録における唯一の裁きの場面であり、宇宙を含めたあらゆるものがそこに登場します。救いの進展中に破壊的な影響を及ぼすことのできたいっさいの外的要素が除かれた今、人は自分の責任で行った決断の結果を担うことになります。

キリストは決定的な裁きを行われますが、それは二つの基準にもとづいて行われます。一つは各自が果たしたわざであり、それらは天上の法廷で開いておかれている数冊の本に記述されています。もう一つは命の書への記入というイメージで表現されている神の救いのイニシアティブです。この書には、世界の造られるまえから名前が記されていますが（13・8、17・8参照）それはひとえに神の恵みによることです。この二つの基準は、現実のキリスト者の生においては一つに結ばれています。わたしたちが何らかの善を行うことができるのは、神が先にわたしたちをご自分の似姿としての存在に招き、キリストをとおしてその似姿を実現するように招いてくださっているからです。

黙示録のなかには、神の絶対的な救いの意志と裁きという一見矛盾して見えることが、双方とも明瞭に何回か記されていますが、その問題はこの書の最後のページでとり扱うつもりです。

見よ、わたしは万物を新しくする　21章1節～22章5節

（U.Vanni *“La Struttura Letteraria dell'Apocalisse”* 254～276ページ参照）

21章1～8節は黙示録のなかでも最も特徴ある段落の一つです。ヨハネは聴衆をいまや人の世界ともなる神の世界に導くのです。21章1節から始まる部分は22章5節まで文学的に同質の類型のまま発展していきますが、その発展は21章1～8節までとそれ以後の二つの段階を経て展開します。最初の段落は終末の宇宙的刷新の文脈です。現在の天地を凌駕する、新しい天と地、キリスト独特の新しさを帯びた天と地について触れた後、エルサレムが紹介されます。エ

ルサレムはここでは花嫁衣装を着けた許嫁の状態です（21・2）。次の段落21章9節から22章5節ではふたたびエルサレムが示されますが、今度は妻（ギュネー）となった花嫁（9）です。まさに決定的終末の状態が描きだされます。

◆新しい天と新しい地　21章1〜8節

1 わたしはまた、新しい天と新しい地を見た。最初の天と最初の地は去っていき、もはや海
もなくなった。2 さらにわたしは、聖なる都、新しいエルサレムが、夫のために着飾った**花嫁**
のように用意を整えて、神のもとを離れ、天から下ってくるのを見た。3 そのとき、わたしは
玉座から語りかける大きな声を聞いた。「見よ、神の幕屋が人の間にあって、神が人とともに住
み、人（彼ら）は神の民（複数）となる。神はみずから人とともにいて、その神となり、4 彼
らの目の涙をことごとくぬぐいとってくださる。もはや死はなく、もはや悲しみも嘆きも労苦
もない。最初のものは過ぎ去ったからである。」
5 すると、玉座に座っておられる方が、「見よ、わたしは万物を新しくする」といい、また、
「書き記せ。これらの言葉は信頼でき、また真実である」といわれた。6 また、わたしにいわれ
た。「事は成就した。わたしはアルファであり、オメガである。初めであり、終わりである。渇
いている者には、命の水の泉から価なしに飲ませよう。7 勝利を得る者は、これらのものを受
け継ぐ。わたしはその者の神になり、その者はわたしの子となる。8 しかし、おくびょうな

者、不信仰な者、忌まわしい者、人を殺す者、みだらな行いをする者、魔術を使う者、偶像を拝む者、すべてうそをいう者、このような者たちに対する報いは、火と硫黄の燃える池である。それが、第二の死である。」

刷新された世界にあこがれる人間の望みを、神はまじめに受けてくださり、まるで、夢見ることを挑発するかに見えるほど、このわたしたち人間の望みをご自分のものとしてくださいます。神はその望みを次第にますます実現していかれます。最初の天と最初の地（1）とは、わたしたちが今体験している天地のことです。聖書は創世記の最初のページで、悪のない世界、あるべき世界を示していましたが、実際にはそういう世界は存在しません（創世1・2〜2・4a参照）。その世界に対置する、毎日わたしたちが経験する不完全な欠陥のある世界、悪の束縛が重くのしかかる世界も描かれていました（創世2・4b〜3・24参照）。神のイニシアティブによって始められた救いの歴史は、今完成に到達し、新しい創造が実現します。

「もはや海もない」の海は、創造のときの混沌や深淵とつうじ、悪魔の座を象徴しています。今神が本当に望まれるような世界、悪が不在で、想像の及ぶかぎりの善が無限に拡大されて存する世界が実現しつつあります。そこで人は神と透明なかかわりをもってともに住むのです。

「わたしは、聖なる都、新しいエルサレムが、夫のために着飾った花嫁のように用意を整えて、神のもとを離れ、天から下ってくるのを見た。」（21・2）

黙示録20章9節にはサタンが諸国民をいざない、想像を絶するほどの大軍団を率いて神に愛された都を包囲したが、天から火が下って彼らを焼き尽くした、とありました。天から火が下って焼き尽くすというのは、旧約聖書からの伝統で、神からの徹底的罰を意味します。敵が滅びたのはわかりますが、当然、神に愛された都はどうなったのかという問いが残ります。今、著者はそれに答えてくれます。

神に愛された町は、ここではっきりエルサレムと呼ばれており、「聖なる都」と呼ばれています。11章でもそう呼ばれていましたが、あの場合（11・2）には四十二か月の間異邦人に踏みにじられるという文脈のなかでした。同じ「聖なる」という修飾語がずいぶん違う二つの状況で用いられています。「聖なる」という形容詞は、神がご自身のいくぶんかを伝えようとして、特別に臨在されることをいい表していると思われます。今その都は新しいエルサレムと呼ばれています。

まず都は天から、すなわち神のもとから下ってくるとあります。したがってこの世を超える神の何らかの特性にあずかり、神のご計画に沿い、何らかの意味で神に似たものでありましょう。新しいエルサレムは天から下ってくるのであって、天にとどまってはいません。自分と同じように新しくされた地に下ってきます。もう天と地の区別を乗り越えています。夫のために花嫁として衣装を整え、結婚式に臨む許嫁の状態を保っています。この都は人々からなっていて愛の命を生きるもの、愛することができるものです。著者はあらかじめ19章のハレルヤの最後の部分でこのことに触れていました（19・7～8）。

　ここまではむしろ視覚的に描写されてきましたが、3～8節には聴覚的な描写が続き、四つの声が紹介されます。第一の声は玉座から聞こえますが、神ご自身の直接の声ではなく、神は三人称で語られており、今まさに実現する至福の状態を描写しています（3～4）。第二はすべてを新しくするという、神ご自身の宣言（5a）です。はっきりと玉座に座っておられる方がいわれたと記されている例は、黙示録中ここだけですから、この宣言の重大さがわかります。新しい創造は救いの完成として実現されるのです。第三はここで述べられていることの真実性を保証する言葉、第四は人々の運命が二つに分かれることの宣言です。先に花嫁エルサレムという表現で愛の交わりが表現されていましたが、3節ではエルサレムは神と人とが共有する幕屋であること、したがって神と人とがともに住まい、彼らは神の民々となり（新共同訳　人は神の民となる）、神はみずから人とともにいてその神となると告げられます。ここでは神と人々がともに住むということによって、都というシンボルの社会的な面がうたわれています。

　4節ではイザヤ書25章8節、35章10節、51章11節などを援用しながら、あらゆるネガティブなことの完全な消滅が告げられます。

　5節以下のことについては後で少し触れることにして、9節以下のエルサレムの描写を見ることにしましょう。

◆新しいエルサレム　21章9節〜22章5節

8節までのエルサレムの紹介は確かに想像をはるかに上回るすばらしいことではありますが、いくつかの疑問が残されています。神と人との共生とはどのように実現するのでしょうか。著者は今から展開するエルサレムについての第二の紹介のなかで、このような疑問にも回答を与えてくれます。

21章9 さて、最後の七つの災いの満ちた七つの鉢をもつ七人の天使がいたが、そのなかの一人
がきて、わたしに語りかけてこういった。「ここへきなさい。小羊の妻である**花嫁**を見せてあげ
よう。」 10 この天使が、〝霊〟に満たされたわたしを大きな高い山に連れていき、聖なる都エル
サレムが神のもとを離れて、天から下ってくるのを見せた。 11 都は神の栄光に輝いていた。そ
の輝きは、最高の宝石のようであり、透きとおった碧玉《へきぎょく》のようであった。 12 都には、高い大き
な城壁と十二の門があり、それらの門には十二人の天使がいて、名が刻みつけてあった。イス
ラエルの子らの十二部族の名であった。 13 東に三つの門、北に三つの門、南に三つの門、西に
三つの門があった。 14 都の城壁には十二の土台があって、それには小羊の十二使徒の十二の名
が刻みつけてあった。
15 わたしに語りかけた天使は、都とその門と城壁とを測るために、金の物差しをもっていた。
16 この都は四角い形で、長さと幅が同じであった。天使が物差しで都を測ると、一万二千スタ
ディオンあった。長さも幅も高さも同じである。 17 また、城壁を測ると、百四十四ペキスであっ

た。これは人間の物差しによって測ったもので、天使が用いたものもこれである。[18]都の城壁
は碧玉で築かれ、都は透きとおったガラスのような純金であった。[19]都の城壁の土台石は、あ
らゆる宝石で飾られていた。第一の土台石は碧玉、第二はサファイア、第三はめのう、第四は
エメラルド、[20]第五は赤縞《しま》めのう、第六は赤めのう、第七はかんらん石、第八は緑柱石、第九
は黄玉、第十はひすい、第十一は青玉、第十二は紫水晶であった。[21]また、十二の門は十二の
真珠であって、どの門もそれぞれ一個の真珠でできていた。都の大通りは、透きとおったガラ
スのような純金であった。

[22]わたしは、都のなかに神殿を見なかった。全能者である神、主と小羊とが都の神殿だから
である。[23]この都には、それを照らす太陽も月も、必要でない。神の栄光が都を照らしており、
小羊が都の明かりだからである。[24]諸国の民は、都の光のなかを歩き、地上の王たちは、自分
たちの栄光を携えて、都にくる。[25]都の門は、一日中けっして閉ざされない。そこには夜がな
いからである。[26]人々は、諸国の民の栄光と誉れとを携えて都にくる。[27]しかし、汚れた者、
忌まわしいことと偽りを行う者はだれ一人、けっして都に入れない。小羊の命の書に名が書い
てある者だけが入れる。

[22章1]天使はまた、神と小羊の玉座から流れ出て、水晶のように輝く命の水の川をわたしに見
せた。[2]川は、都の大通りの中央を流れ、その両岸には命の木があって、年に十二回実を結び、
毎月実をみのらせる。そして、その木の葉は諸国の民の病を治す。[3]もはや、のろわれるもの
は何一つない。神と小羊の玉座が都にあって、神のしもべたちは神を礼拝し、[4]み顔を仰ぎ見

る。彼らの額には、神の名が記されている。5 もはや、夜はなく、ともしびの光も太陽の光も
いらない。神である主がしもべたちを照らし、彼らは世々限りなく統治するからである。

まず天使は、「小羊の妻（ギュネー）である花嫁（ニュンフェー）を見せてあげよう」といいます。先に花嫁のよう、詳しくは許嫁だった花嫁がここでは妻になっています。つまり婚姻が成立したのです。

どのようにこのようなことが実現したのでしょうか。

まず21章11節冒頭に一度、12節に二度、もつという動詞の現在分詞形が見られます。文字どおりに訳すと、「（都は）神の栄光をもっている」「高い大きな城壁をもっており十二の門をもっていた」という具合に、都が神の栄光に恒常的に満ちているさまを現在分詞形で表現しています。神の栄光がそこにずっととどまっているということを強調していると理解できます。この神の存在が都の明かりになっています。そしてこの神の栄光とは、著者が4章2節の時点で初めて天に引き上げられたときに、天、すなわち神の世界で見たもので、神固有の本質を示すものでした。しかも4章でもここでも、神の本質が人間に感じとられるさまで現れている状態の象徴として、宝石を借りて描写しています。けれども、先には彼は天に引き上げられてそれを見たのでしたが、今回彼はそれをただちに見たのであって、天に上る必要はありませんでした。都には恒常的に神が人にそれと感じることのできる状態でおられるのです。

婚姻は第二に社会的な性質を帯びるものです。都市という概念は人間の共生という意味を内包しています。まったく本物の都市のように、土台、囲いの城壁、門、門への道まで備えた都エルサレムで、神が人々と生活をともにしてくださいます。ここに描かれているエルサレムは、もはやイスラエルの民だけあるいは教会だけに限られたものではなく、もっと普遍的なものです。著者はあからさまにではなく、抑制のきいた仕方でこのことを次のように伝えています。「イスラエルの十二部族の名が十二の門に、小羊の十二の使徒の名が城壁の十二の土台に刻まれている」（21・12～14参照）と。

21章15～21節では、土台、城壁、門など、都の構造をエゼキエル書40章以下を援用しながら説明し、エルサレムをいっそう詳しく紹介します。ちなみに、ヨハネは、人間の言葉にはどんな努力をもってしても越えられない限界があって、神の世界、永遠の世界の事柄をありのままに表現することはできないということを深く悟っているので、終末の救いの完成について語るとき、このようにシンボルに頼らざるを得ないのです。彼は自分が味わったエルサレムを満たしている神の栄光の筆舌に尽くせないすばらしさを伝えるために、地上で見いだせるかぎりの美を引き合いに出しながら、それも不十分として、たとえば金も新しい創造では水晶のように透明さを備えたものとして描いています。

15節に注目しましょう。都は一万二千スタディオンの立方体をしています。この数に特別の完全さの意味が込められているばかりでなく、エルサレムの神殿の至聖所はソロモンの神殿の場合も、エゼキエルが幻に見た神殿の場合も立方体でした。これは22節の理解のためにたいへん重要なことです。

衝撃的なのは、この聖都には神殿がない（22）ということです。ここでエルサレムが正立方体に築かれていたという事実には意味があることがわかります。聖幕屋の時代から至聖所には神の箱がおかれていて、そのふたはあがないの座と呼ばれ、神はこのあがないの座の上から民に伝えるべきことをモーセに語る、と約束してくださいました（出エジプト25・22）。そして聖幕屋自体が会見の幕屋と呼ばれていました。今新しいエルサレム自体が至聖所、つまり神が民と交わってくださる場となったのです。主と小羊キリストがおられるところこそ神殿ですから、もはやエルサレムには神殿という限られた神との出会いの場は不要なのです。

普遍的な町エルサレム

エルサレムは、万人に扉を開いた普遍的な町として描かれていることにも触れておきましょう。先に記したとおり、21章3節に新しいエルサレムの住民は多民族だということが書かれています。写本によって読みの違いはあるのですが、年代の古さもその質も評価されている四世紀のシナイ写本には「わたしの住まいは彼らとともにあり、わたしは彼らの神となり、彼らはわたしの民々となる」とあります。けっして異邦人を排斥する町ではありません。

21章24節には驚くべき記述があります。「諸国の民は、都の光のなかを歩き、地上の王たちは、自分たちの栄光を携えて、都にくる。」地上の王たちはここ以外ではいつも神に敵対する者たちの頭を意味していました。それなのに彼らさえこの都に迎え入れられています。この町の門は四方に向かって開かれています。しかも、もはや闇がなく夜がないために、その門は閉ざされることはありません。新しいエルサレムの叙述には、ここに入ってくる人々の姿だけあって、ここを後にする人はいません。門は受け入れ専用の門のようです。しかも町の中央を流れる川の両岸にある命の木の葉は、諸国の民の病を治すとあります（22・2）。そこでは神である主が光であり、しもべたちを照らし治めてくださいます。

以上を読むと、神はすべての人を救われるのか、それなら21章27節、28節に書かれていることはどうなるのかという当然の疑問をもたれる方がありましょう。このむずかしい問いについてはこの章の最後に説明を試みたいと思います。

わたしたちは黙示録をとおしてさまざまな状態にあるエルサレムに出会いました。黙示録のエルサレムはいったい何なのでしょうか。歴史的なエルサレムの町そのものは今も厳然と存在しますが、あの町そのものでないことは明らかです。黙示録のエルサレムは実は、神の民の現実の象徴です。

黙示録に登場するエルサレムは、時間の流れのなかで前後関係にある二つの状態で紹介されました。みずからの内に悪が混在し、敵から踏みにじられているエルサレムと、あらゆる悪の誘いやいっさいの悪を超越したエルサレムです。また最終段階では決定的終末の直前の状態と決定的終末の状態でも紹介されています。さらに同じエルサレムという名のもとに、本来は異質の、二つの違った特徴が与えられていました。許嫁から妻へと完成されていく愛という面と、そこで人々がともに住むという社会的な面です。エルサレムが最初に登場した3章12節では、終末のエルサレムが要点をおさえて紹介されていました。11章2～13節では終末前の敵の攻撃にさらされた状態で紹介されていますが、終末に向けての希望が添えられています。14章1～9節では小羊キリストと深くかかわる場として、エルサレムがその別名シオンの山で描かれています。小羊はシオンの山で、十四万四千人の者たちとともに現れ、その者たちの額には小羊の父（神）の名と小羊の名が記されています。終末のエルサレムの姿の先どりをここに見ることができます。そして先ほどから見てきたことが続きます。歴史のなかで神の民が体験することと、その終末の姿が黙示録をつうじてエルサレムの名のもとに描かれていたことがわかります。

この神の民は旧約時代と新約時代という二つの相があっても、唯一の普遍的な神の民です。この民には終末以前の時間的な発展経過があり、その間には悪のわなや圧迫がありますが、すでにキリストと断ちがたい絆で結ばれています。神との正しいかかわりにおいて神とのかかわりを大切にし、人々、造られたいっさいのものを大切にすることによって、終末に向けて準備をします。

黙示録によれば、このエルサレムというシンボルを現実に、歴史のなかに表現していかなければならないのは、1章3節の朗読者に耳を傾けている者たちであり、ひいてはわたしたち読者なのです。

この書には普遍的な救い、すなわち、すべての人間が、最後には、イエス・キリストにおいて明らかにされた神の無償の恵みによって救われるという考え（1・7、5・13、15・4、21・5など）と、救われる者とそうでない者とをはっきり区別して、究極的な救いには限定があると主張する表現（14・9〜10、20・11〜15など）が共存しています。この問題について詳しく触れる余裕も力もありませんが、非力を恐れつつ一言しておきたいと思います。神の救いの意志はひとつの神秘です。そして神秘であるゆえに、人間の言葉で十分に表現するのは不可能なことなのです。黙示録の著者はこれをたいへん深くわきまえていました。黙示録は人間には計りしれない「どのように」ということには触れず、ただ、絶対的な支配権をもっておられる、慈しみ深い神はキリストの出来事をとおしていっさいの悪に勝利し、全被造物をあがなって新しい創造を行われると述べる一方、人間には自分の決断に対する責任があり、神に不誠実なものは断罪されるということを述べるのです。ヨハネは一方で、救いはひとえに神の恵みのわざであることを深く信じ、他方では、キリストは万物を救いに導くご自分のひたすらな愛の道（十字架を経て復活への道）に、ご自分の者たちが参加するのをせつに望んでおられることを告げます。それらがどのように一つになり得るのかを体験的に知ることは、恵みによってわたしたちにも起こり得るのですが、わたしたち凡人がそれを言語化できるほどに理解するのは、花嫁から妻となるときではないでしょうか。確かなことは預言者ヨハネの最後の祈りは「主イエスの恵みが、すべての者とともにあるように」という万人の救いを求める祈りでした。

結びの典礼的対話　22章6〜21節

◆結びの典礼テキスト（U.Vanni "*Apocalisse*" 127ページによる）

解説役の天使　6（そして、天使はわたしにこういった。）これらの言葉は、信頼でき、また真実である。預言者たちの霊感の神、主が、その天使を送って、すぐにも起こるはずのことを、ご自分のしもべたちに示されたのである。
キリスト　7見よ、わたしはすぐにくる。この書物の預言の言葉を守る者は、幸いである。
ヨハネ　8わたしは、これらのことを聞き、また見たヨハネである。聞き、また見たとき、わたしは、このことを示してくれた天使の足もとにひれ伏して、拝もうとした。9すると、天使はわたしにいった。
解説役の天使　やめよ。わたしは、あなたや、あなたの兄弟である預言者たちや、この書物の言葉を守っている人たちとともに、仕える者である。神を礼拝せよ。
ヨハネ　10また、わたしにこういった。

解説役の天使　この書物の預言の言葉を、秘密にしておいてはいけない。時が迫っている
からである。[11]不正を行う者には、なお不正を行わせ、汚れた者は、なお汚れるままに
しておけ。正しい者には、なお正しいことを行わせ、聖なる者は、なお聖なる者となら
せよ。

キリスト　[12]見よ、わたしはすぐにくる。わたしは、報いを携えてきて、それぞれの行い
に応じて報いる。[13]わたしはアルファであり、オメガである。最初の者にして、最後の
者。初めであり、終わりである。
[14]命の木に対する権利を与えられ、門をとおって都に入れるように、自分の衣を洗い清
める者は幸いである。[15]犬のような者、魔術を使う者、みだらなことをする者、人を殺
す者、偶像を拝む者、すべて偽りを好み、また行う者は都の外にいる。[16]わたし、イエ
スは使いを遣わし、諸教会のために以上のことをあなたがたにあかしした。わたしは、
ダビデのひこばえ、その一族、輝く明けの明星である。

集会　[17]〝霊〟と花嫁とがいう。「きてください。」これを聞く者もいうがよい、「きてくだ
さい」と。

ヨハネ　渇いている者はくるがよい。命の水がほしい者は、価なしに飲むがよい。[18]この
書物の預言の言葉を聞くすべての者に、わたしはあかしする。これにつけ加える者があ
れば、神はこの書物に書いてある災いをその者に加えられる。[19]また、この預言の書の

言葉から何かとり去る者があれば、神は、この書物に書いてある命の木と聖なる都から、その者が受ける分をとり除かれる。
キリスト [20] 以上すべてをあかしする者が、いう。しかり、わたしはすぐにくる。
集会 アーメン、主イエスよ、きてください。
ヨハネ（朗読者） [21] 主イエスの恵みが、すべての者とともにあるように。

ヨハネに導かれて、キリストの言葉に耳を傾け、回心の歩みによって清められ、歴史を預言的に解釈することを実習してきた地域教会共同体の体験は、終わりに近づきます。そこでグループは、黙示録での回心と識別の出発点であり、その歩みが養われてきた雰囲気でもある祭儀のためにふたたび集います。こうしてわたしたちは、巻頭で導かれたあの「一人が朗読し、それに参集者が耳を傾ける典礼の場」に連れもどされます。

振り返ってみると、集会はこの一連の体験を始めるまえに、キリストとの新たな出会いをするように励まされました。主との新しい出会いを体験し、それを深め発展させてきました。そのことは開始の祭儀と結びの祭儀の配役を見てもわかります。最初の祭儀（1・4〜8）では、登場人物は朗読者と彼に耳を傾けるグループで、最後に神が一人称で語られる場がありますが、それは旧約聖書の預言の神託のような形をとっていました。それに反して、ここではヨハネ、解説者の役目を果たす天使、イエス、聖霊に励まされた聴衆が、それぞれ自発的に対話に参加しています。

結びの祭儀での、グループの典型的な反応は何でしょうか。ヨハネ自身が22章17節ではっきりと指摘しています。「これを聞く者もいうがよい。『きてください』と。」この表現はいうまでもなく1章3節の「これに耳を傾ける人」に対応しています。あの対話が今結論づけられようとしています。教会集会の一人ひとりのメンバーがキリストの来臨を求めて「きてください」と祈るように招かれています。祈りの表現は直前の「霊と花嫁（許嫁）はいう、『きてください』と」に似ています。そしてそこでは教会集会は花嫁と呼ばれています。教会集会はすでに開始の祭儀の時点から（1・5b）キリストの愛が注がれているのを感じていたのですが、今ではキリストの愛に結ばれていると意識しています。精いっぱい十分に応えたいと望んでいるのですが、まだ成熟過程にあることを自覚しています。決定的終末に初めて小羊の「妻」となれるのです（21・9参照）。けれどもこの成長過程にあっても、グループは聖霊に刺激され霊と調和してキリストに向かい、声を合わせて「きてください」と叫びます。

すでに見てきたように、このグループは黙示録の第一部回心の歩みの過程のなかで、まるで岩をうがつ水滴のように執拗に霊が諸教会に語ることを聞くようにと戒められてきましたが、回心と歴史を預言的に解釈するための識別の全過程で、霊に聞くことに専念してきたので、今では霊の語ることを聞きわける者となっています。霊と声を一つにしてキリストにきてくださいと祈れるようになっています。

順を追って見てみましょう。まず6節で、ヨハネは霊の影響のもとに行った体験をまとめています。すると突然キリストが「わたし」と一人称で語りながら介入し、「見よ、わたしはすぐにくる」と告げられます（7）。

朗読者を務めるヨハネは、自分が勧め励ましてきたこの集会一同に心からの親しみを抱いているので、自分の体験を分かち合いながら、一つの大切な注意を間接に与えています。「わたしは、これらのことを聞き、また見たヨハネである。聞き、また見たとき、わたしは、このことを示してくれた天使の足もとにひれ伏して、拝もうとした。すると、天使はわたしにいった。『やめよ。わたしは、あなたや、あなたの兄弟である預言者たちや、この書物の言葉を守っている人たちとともに、仕える者である。神を礼拝せよ。』」（8～9）偶像礼拝はなにも皇帝礼拝のような明らかな形をとるとはかぎりません。たとえわたしたちにとって、キリストの道を歩むためにどんなに助けとなると思われるものであっても、それを礼拝の対象とすること、すなわちそれに神の場を明け渡すことは許されないのです。すべてはわたしたちの愛の対象となり得ますが、わたしたちの礼拝の対象は神のみです。礼拝の対象となる神は、イエスにおいてご自身を啓示された方なので、神の言葉とイエスの言葉とは置き換えが可能です。

ここで解説の天使が黙示録の預言の言葉について触れ、それは、内容をよく消化して自分のものとし、保たなければならないものであることを宣言します。事実、この結びの祭儀に参集している者たちは、ヨハネに導かれて回心と識別の歩みをしている間、一時的に歴史的現実から身を引いていましたが、今ふたたび日常の生活にもどっていくのであり、そこではまだ善と悪とが火花を散らしているからです（11）。

歴史は善と悪が綯《な》い交ぜになって進行し、両者が互いに相いれない対極をなしています。この対立は今後も続くでしょうが、最終的終末には、善が悪を圧倒するでしょう。預言的に歴史を解釈する訓練をしてきた教会集会は、自分たちの生活の時空である全被造界の歴史は、たとえどんなに悲惨で不正に満ちていても、キリストに向かっているとわきまえています。刷新を進めるキリストの力の前には、悪も影か虚無のように映ります。同時に歴史のなかで見いだすことのできる善も今はまだ発展途上にあって、キリストに向かって少しずつ築き上げられているもの、完成されてゆかねばならないものと映っています。

ふたたび対話に入られるキリストは、歴史についての以上のような期待に応えて「見よ、わたしはすぐにくる」と述べ、ご自身が歴史そのものの結論であることを宣言されます（12〜13）。続いて、キリストはグループに注意を向け、悪に対するキリストの勝利に貢献するために回心の歩みを経て到達した、キリストと霊に調和する生き方を続けて育むように諭されます。そのためには、たゆまぬ清めへの努力や、襲ってくる悪の影響から身を守る警戒が必要なことを諭されます（14〜15）。清めは一度キリストによって行われただけでなく、これからもキリストのわざであることを述べたのち、話題はふたたび直接キリスト自身について進められます（16）。

教会に関するキリストのあかしは、あるいは罪の清めについて、あるいは歴史の具体的な意味に関連した啓示です。歴史はまだ進展中で、その結末はずいぶん先のことかもしれませんが、グループは今キリストの臨在を感じ受け入れているので、歴史の結末をかいま見ることができます。わたしたちは真昼の光をもたらす黎明《れいめい》のうちにいるということができるかもしれません。グループはこれらすべてを意識します。黎明の光を味わったグループは、真昼の光にあこがれて、霊とともにキリストの来臨を求める祈りの叫びをあげます（17）。ここで集会は花嫁といわれています。この叫びは次々とこだまのように繰り返されていきます。以上が、ヨハネの聴衆が日常の生活へ帰っていくときの状況です。

最後に、この書物に記されていることに手を加える者への厳しい宣告が、集会参加者一人ひとりに向けてなされた後、祭儀の基本的姿勢にもどります。

キリストの「しかり、わたしはすぐにくる」という宣言に、一同は「アーメン、主イエスよ、きてください」と答えます。ヨハネは「主イエスの恵みが、すべての者とともにあるように」との祈りで集会を閉じます。

以上が、グループの最後の言葉ですが、これらの言葉はわたしたちが学んできた態度と特徴をよくまとめています。わたしたちも、キリストとのつねに新たなかかわりのなかで、霊に刺激され、みごとな典礼的雰囲気のなかでみずからを清め、歴史を預言的に解釈し、あの21章、22章に描かれていた新しいエルサレムの意味することが現実となるように、「主イエス、きてください」と祈るのです。

あとがき

今道　瑤子

新約聖書の最後を飾るヨハネの黙示録を読んでみました。なぜ今、黙示録を、とお考えでしょうか。確かにこの本は一見奇抜でわけのわからない本です。わたしたちには縁遠いシンボルずくめですし、自由自在に旧約聖書の言葉が散りばめられているため、手ほどきなしに読みにくいことは否めません。しかし実は、神からの光に照らされて現実を見つめ、歴史を導く神のみ手に自分をゆだねて、神と兄弟に開かれた態度で与えられた命を生きるために大いに助けとなる書物なのです。

キリスト教とは無縁の本屋さんの店頭に並ぶ「……の黙示録」と題する本には、黙示録を歴史上の未来に起きる出来事の予告、特に世の終わりがどのように展開するかのインフォメーションを与える本と誤解しているものが多いようです。しかし、黙示録はわたしたちの時代にもあてはめられる大切なメッセージであって、いわゆる「予言」ではありません。黙示録の著者ヨハネが意図するのは、キリストの福音にみずからを賭けた兄弟姉妹の信仰を強め、苦難のなかにあっても信仰を貫いて生きるよう助けることです。歴史はあてもなく流れているのではない、必ずその究極的完成の時、終末がくるし、それに向かってすでに歩み始めている、主こそ、つねにすべてを支配しておられ、歴史に現世を越える意味を与えることがおできになるのだということを、キリストの啓示にもとづいて語っているのです。複雑で巧妙なシンボルを縦横に駆使しながら、著者はそれを語ります。もちろん本来は特定の人々、一世紀末という時代に小アジアのエーゲ海寄りの地方、当時はローマ帝国の支配下にあり、その属領アジア州と呼ばれていた地方の七つの教会（信徒の共同体）に向けて書き送られたものです。しかし、シンボルを使って語ることにより、メッセージを普遍的にも妥当なものにしています。

著者は、自分が得た深い霊的な体験を分かち合いながら、わたしたちに二つのことを勧めます。

1．まず彼自身の語る預言の言葉に耳を傾け、それを心に留めて回心し（2章1節〜3章22節）

2．教会が現在おかれている歴史的状況、すなわち神の救いの完成する終末に向かう歴史の流れで必ず起こるべきことを神の光に照らし合わせて黙想しながら、時のしるしを見分ける長い作業に従事するように、ということです（4章1節〜22章5節）。

そこで、この本を祈りの雰囲気のうちに読んでいきたいと思いました。

どのように話を進めたらよいかと思案したすえ、黙示録の任意な拾い読みではなく、テキスト全体をとおして著者が伝えようとしていることに近づきたいという姿勢を大切にしようと思い、一応全体を通読する形をとりました。著者はこの全編を祭儀のために集まった信徒の集会に読み聞かせるという形をとっているからです。

改めて読み返してみると、ページの配分の不均衡も目立ちますが、12章1節から6節と19章11節から16節には意図的にページを割きました。またふだん読み過ごしがちだった18章などにも、著作をつうじて心に迫るものを改めて感得し、目からうろこの落ちる思いを新たにしました。現在のわたしの力に及ぶかぎり原文を大切にしながら、聖書の一巻として黙示録を生活の糧とすることを旨としたつもりです。

ヨハネの黙示録は確かにむずかしい本で、解釈も学者によってさまざまです。それらすべてを紹介するのはわたしの力を超えることであるだけでなく、読者のみなさまにもあまりお役に立たないことだと思います。わたしは巻末に記したいくつかの資料を参照しながら、特にローマのグレゴリアナ大学教授、イエズス会士ウーゴ・ヴァンニの説にそって黙示録のメッセージを紹介することを選びました。紙上を借りて教授に感謝したいと思います。

なお、原稿にていねいに目をとおし、助言をくださったうえ、序文をお寄せくださった英知大学の和田幹男教授に深く感謝申しあげます。

黙示録について参照した日本語の文献は巻末に挙げておきます。特に佐竹明氏の『黙示録 上下』とM・E・ボーリング氏の『ヨハネの黙示録』からもいろいろと光をいただいたことを記し、お礼のしるしとさせていただきます。

一九九七年六月から一九九九年三月まで「あけぼの」誌に黙示録を連載しましたが、雑誌では紙数も限られていましたので、今回は黙示録を通読する形をとり、全面的に加筆改訂いたしました。綿密な編集をしてくださった同僚のシスター脇田晶子と、原稿が本の形をとり読者のお手元にとどくまで、いろいろな形で協力してくださるすべての方への感謝を述べて筆をおきます。

二〇〇〇年一月　神戸にて

外国語参考文献

本書の基本的な骨格として準拠した参考書

VANNI U., *L'Apocalisse*. Ermeneutica esegesi teologia, (Sup RivBib)17 Dehoniane, BOLOGNA, 1988.

La Struttura Letteraria dell'Apocalisse, Morcelliana, BRESCIA, ²1980.

その他の外国語参考文献

STOCK K., *Das letze Wort hat Gott*, INNSBRUCK-WIEN 1985. (trad.it. *L'ultima Parola è di Dio*, 〔Bibbia e Preghiera〕21, ADP ROMA, 1995)

MASSYNGBERDE Ford J., *Revelation*, (The Anchor Bible) 38, Doubleday, NEW YORK,1975.

SCHUSSLER Fiorenza E., *Invitation to the Book of Revelation*. A Commentary on the Apocalypse with Complete Text from the Jerusalem Bible, Image Books, Garden City, 1981.

The Book of Revelation: Justice and Judgment, Fortress Press, PHLADELPHIA, 1985.

VANHOYE A., *Prêtres anciens*, prêtre nouveau selon le Nouveau Testament, Seuil, PARIS 1980.

VANNI U., *Apocalisse*, Queriniana, BRESCIA ²1980.

Apocalisse e Antico Testamento: una sinossi, PIB ROMA ²1987.

Il giorno del Signore (Ap 1:10) giorno di purificazione e di discernimento, (RivBib 1976) 57, pp.453 - 467.

l'assemblea ecclesiale "soggetto interpretante dell'Apocalisse", RdT 23, (1982) pp.497-513.

日本語参考文献

フランシスコ会聖書研究所『ヨハネの黙示録、原文からの批判的口語訳』
中央出版社　1972年
黒崎幸吉「黙示録研究」『黒崎幸吉著作集　２』新教出版社　1972年
Ｅ・ローゼ（高橋三郎・三浦永光訳）「ヨハネの黙示録」
（ＮＴＤ新約聖書注解）ＮＴＤ新約聖書注解刊行会　1973年
Ａ・シュラッター（蓮見和男訳）『ヨハネの手紙・黙示録』
（シュラッター新約聖書注解）新教出版社　1976年
Ｊ・Ｊ・スカリオン（浜寛五郎訳）「ヨハネの黙示録」
『改訂版カトリック聖書新注解書』エンデルレ書店　1980年
佐竹明　『黙示録の世界』新地書房　1987年
『ヨハネの黙示録』上下（現代新約注解全書）新教出版社　1989年
中村和男「ヨハネの黙示録」『新共同訳　新約聖書注解Ⅱ』
日本基督教団出版局　1991年
Ｍ・Ｅ・ボーリング（入純子訳）『ヨハネの黙示録』（現代聖書注解）
日本基督教団出版局　1994年
Ｄ・Ｅ・ＡＵＮＥ（山田耕太郎訳）「ヨハネの黙示録」
『ハーパー聖書注解』教文館　1996年
小川陽・石原綱成『ヨハネの黙示録』（新約聖書翻訳委員会訳）岩波書店
1996年
Ｌ・Ｖ・ハルティンクスフェルト（池永倫明訳）『ヨハネの黙示録』
（コンパクト聖書注解）教文館　1997年
加藤常昭『ヨハネの黙示録』上下　教文館　1998年

著者紹介

今道 瑤子（いまみち　ようこ）
1929年　高松に生まれる
1951年　東京女子大外国語科卒業
聖パウロ女子修道会に入会
1975年　ローマ・グレゴリアナ大学神学部卒業
1978年　教皇庁立ローマ聖書研究所聖書学修士課程卒業
著　書　「ルツ記」(共著)『士師記・ルツ記』フランシスコ会聖書研究所訳注（中央出版社）
「ユディト記」(共著)『新共同訳旧約聖書注解Ⅲ・続編注解』(日本基督教団出版局)
訳　書　『サクラ・ヴィルジニタス』(ピオ12世著 中央出版社)
『聖書の歴史 全7巻』(E.ガルビアーティ他著 女子パウロ会)
『宣教者を育てるイエス』『だれが私に触れたのか』
『パウロの信仰告白』『開け！EFFATHA』『ヨブ記の黙想』
（以上、C.M.マルティーニ著 女子パウロ会）ほか多数

本文中、聖書の引用は日本聖書協会の『聖書 新共同訳』（1990年版）を使用させていただきました。ただし、漢字・仮名の表記は本文に合わせたことをお断りいたします。

ヨハネの黙示録を読む

*

著者　今道瑤子
発行所　女子パウロ会
代表者　井出昭子
〒107－0052　東京都港区赤坂8－12－42
Tel.（03）3479－3943　Fax.（03）3479－3944
Webサイト https://pauline.or.jp/
印刷所　図書印刷株式会社
初版発行　2000年4月1日
改訂初版　2020年11月25日

ISBN4-7896-0822-0 C0016　　NDC193.09